Be a silly girl, so wonderful

做「傻」女人，挺好的

加藤柔楨 著

編輯序——一本讓妳聰明的書

加藤柔楨原名方柔楨，是道道地地的臺灣人，自小愛好文學、美麗服裝，喜歡寫故事，也愛寫心情。高中畢業後，得償所願的考入國文系；畢業後，又進入時尚雜誌當編輯。工作後，仍然寫她熱愛的情感故事與心情故事。因為寫這些故事，讓她認識了很多的讀者，並和其中的很多人成為了朋友。

很多人羨慕她的經歷，從小到大順順利利，學習、工作、愛好、交友都沒有經歷過大的挫折，就連找夫婿也是一擊即中，後來索性遠嫁到日本當個全職太太，連上班的煩惱也一併省去了。因為有一枝妙筆，做家事之餘仍筆耕不輟，既抒發心情又賺得稿酬，真是神仙也不及她逍遙！

她把這一切歸結為運氣好，但我認為：所有把幸福的原因自謙為幸運的女人，其實都是極其聰明的女人。得了便宜不賣乖，這不是裝傻高手是什麼？

身為女人，她關注女性的情感、生活、心靈。自大學時起，便開始寫小說、寫專欄，內容涉及各種女性話題。她與很多女人交流，傾聽她們的心聲、討論並試圖解決她們的問題。

她解析問題總是一語即中，但語言風格卻是溫和俏皮的，絕不傷人自尊心，或讓人感覺難堪。她最推崇那句「人之患，在於好為人師」的古訓，認定自己寫文章也好、解答困惑也好，都只是為了和人交流，而不是想透過訓人、貶低人，來誇耀自己的見識，滿足庸俗的虛榮心。她認為那很低級，我認為她大智若愚。

這世上有千千萬萬的女人，漂亮的、高貴的、溫柔的……但最讓人印象深刻的女人，莫過於聰明的女人。而聰明的女人也很多，有的才華橫溢，有的言詞機敏，有的乖巧伶俐，有的蘭心蕙質……但所有聰明裡最聰明的，莫過於大智若愚，也就是加藤柔楨最擅長的「裝傻」。

人生在世，當聰明人、做聰明事，是大家共同的追求，好好的為什麼要「裝傻」呢？就好像美女故意扮醜一樣，本來有讓人欣賞、讚嘆的本錢，為什麼要故意讓別人看低了自己呢？

其實，裝傻的女人都有一顆玲瓏通透的心，看得通人情世故，所以才會用「裝傻」這種最高級的演技，去應對生活的人物需要。身為女人，如果妳不會在適當的時間、地點，對著適當的人和事裝傻，說明妳可能還不夠聰明。

不夠聰明沒關係，讓加藤柔楨來幫妳學聰明。

這本書是加藤柔楨在多家報刊發表的專欄文章的合輯。在書裡，她透過同事、朋友和自己身上發生的事，細膩又不失活潑地描述了女人在愛情、婚姻、工作、人際交往上遇到的各種問題，以獨到的見解闡述這些問題背後的道理，幫助女人理解並處理好身邊的各種事情。希望這本「裝傻」心經碎碎唸，能為讀者答疑解惑，尋找到快樂、輕鬆的活法。

作者序——女人的迷人之處在於她是個謎

女人的心事，只有女人最明白。

我們掏心掏肺死去活來的愛一個男人，愛到把自己變成一個空空的軀殼，讓他帶走了我們的思想、智慧、理智、尊嚴，然後再耗費半生的時間去恨他。

有時候我們也不知道這是為什麼，他不帥，也沒錢，不見得我有多愛他，可是奇怪的是我離不開他。

我們結婚了，然後發現這個男人似乎不是之前跟我談戀愛的那一個，這種生活跟我想的也不一樣。

工作以後才知道，我們做每件事都不容易，做好了無獎勵，做錯了錢包就要遭殃。

討好一個人好難，奇怪的是，我費盡心思，得罪的人卻永遠比交好的人多。

這糟糕又讓人留戀的生活！

有人說，罪魁禍首是這個世界。社會是女人的後母，她看似寵愛我們，卻從來不公平地待我們。

要我說，待女人不好的，始終是女人自己。

女人活一世，什麼都看不通是真傻；看通了卻什麼都不說，或說了也不說透，或故作看不通，是裝傻。兩者都沾了一個「傻」字，然而所得到的卻大不相同。

真傻的女人，沒有一雙慧眼，只好處處吃虧。有些聰明的女人，能看明白事物的本質，說話做事卻不上道，鋒芒畢露遭人嫌……妳看看，過不好生活、待薄了自己的，是不是女人自己？

女人的迷人之處在於她是個謎。她看起來似乎並不那麼聰明，甚至有點傻，可是她既不束縛男人，又讓男人歸順她；既賣力工作，又能得到應有的報酬和獎勵；既可以不逢迎人，又可以收穫好人緣。

我希望所有看完這本書的女人變成這個謎。希望妳們擁有百步穿楊的身手，滴水不漏的處事方法，達到返璞歸真的境界。

目錄

第一章 再夢幻的愛情也得塞進聰明的大腦 009

1.愛情和麵包不是一道選擇題 010
2.吃苦也要計較成本 012
3.遇到不會開花的愛情就去化解 014
4.女人的身體最矜貴，交給誰也別交給愛情 017
5.要給男人表現的機會 019
6.很多東西都足以抵償失意的愛情 021
7.聰明女人從不索取承諾，而是給男人承諾 024
8.萬人迷的fans也能迷倒好男人 027
9.沒有例外的無情 029
10.嫌棄不是膚淺的事 032
11.貞潔亦是一種自主的選擇 035
12.交朋友和找男友是兩回事 038
13.不做愛情販售機 040
14.不管心情如何都要笑 043
15.女人想享福就得選隻牛 045
16.天生媚骨的女人 048
17.若喜歡hello kitty，就別用馬奎斯釣男人 051
18.任性的戀愛是由甜到苦，清醒的戀愛是由苦到甜 054
19.就讓他誤會一生 056
20.心太野就不要談戀愛 059
21.別以為我很愛你，這種話最好不要說 061
22.男人其實只會錦上添花，不樂意雪中送炭的 063

第2章 以站立的姿勢「傻傻」依偎婚姻這棵樹 067

1.潛力股就是個笑話 068
2.靠男人生活是另一種命運 070
3.結婚後幽默感比愛更重要 073
4.所有的愛情都是一見鍾情，所有的婚姻都是日久生情 076
5.他是花心還是找刺激 078
6.妳過強或過弱，他都可能去外遇 081
7.妳怎麼可以比婆婆更聰明?! 083
8.愛老公，也要愛老公的錢 086
9.做一個被全家體諒的購物狂 088
10.大氣女強人就不該嫁強勢大男人 091
11.家不是講道理的地方 093
12.婚姻這場戲不用「品味」做包裝 096
13.一個男人的好，只有在他身邊的那個女人才知道 099
14.無條件相信的「傻」福氣 102
15.做好兩件事，就有甜美婚姻 104
16.誰言婚後無寂寞，看妳怎麼消遣寂寞 107
17.別把丈夫培養成最優秀的男人 109
18.把戀愛時候的眼淚帶進婚姻裡就太傻了 112
19.別以為毀掉一段婚姻就能找到愛情 114
20.最傻的枕邊話造就最好的夫妻檔 118
21.越傻越旺夫 120

第3章 聰明女人把工作看得比性命都重要 123

1. 先搞清楚，是要謀生還是要做事業 124
2. 女人是比男人更高級的工作動物 127
3. 積極加班不如多賺外快 129
4. 把工作養成一種習慣 132
5. 強勢工作弱勢生活，並且讓大家都看見 134
6. 美貌是一種利器，多用在工作中 137
7. 辦公室裡就要沒心沒肺 139
8. 乖乖牌才是超級人氣王 141
9. 不管能力強弱，都別表現得想要太多 143
10. 表現出旺盛的工作好奇心 146
11. 情緒掌控力比能力更重要 148
12. 工作狀態嚴禁公主病 151
13. 說「不知道」的時候，心裡要裝著善意 153
14. 唯唯諾諾是真傻 156
15. 辦公室裡不相信眼淚 158
16. 真委屈還是假委屈，取決於「傻」的層次 161
17. 不管多強悍，妳仍然是個女人 163
18. 拿你該拿的錢，沒有什麼不應該 166
19. 嚴肅的業餘愛好令工作不再痛苦 169
20. 跳槽就像找老公 172

第4章 社交女王的裝傻心經 175

1. 攀龍附鳳是人之常情，裝清高已經行不通了 176
2. 滿足別人的虛榮心是妳的義務 179
3. 愉悅的話題才能帶來愉悅的關係 181
4. 妳仰慕他，就努力去追隨他 184
5. 縮短解決矛盾的時間 186
6. 妳別什麼都知道 188
7. 沒有表演天分那就用真心表現 191
8. 重視自己的「新鮮度」 193
9. 得罪人的聰明補救術 196
10. 就算真的不聰明，也別自作聰明 199
11. 初次見面還是溫婉一點好 202
12. 看似不求回報的付出最動人 205
13. 用傻氣治療人際交往的心靈傷口 207
14. 遇到真正的傻瓜，千萬莫與他爭辯 210
15. 大要求不要提，小要求要多提 212
16. 不組無目的「姐妹幫」 215
17. 從「宅」、「腐」的二次元空間走出來 217
18. 聚會可以多參加，但別搶了主角的風頭 220
19. 只選擇好聽的話就可以了 222
20. 一個完美的背影堪比一千句好聽的話 225
21. 世上沒有悄悄話，真有祕密打死也不許說 226

第一章

再夢幻的愛情也得塞進聰明的大腦

1.愛情和麵包不是一道選擇題

愛情和麵包，有什麼好選的？沒有麵包的愛情能走多遠，沒有愛情的麵包能有多好吃？愛情和麵包從來不是一道選擇題。

「怎麼辦怎麼辦？」阿莎最近圍著我團團轉，口頭禪就是「怎麼辦」，起因是兩個男人。

A男是大財團的小開，有錢有事業，會講甜言蜜語，懂浪漫有情趣，每次來接阿莎時開的那輛Maserati小跑車，總能令阿莎心跳加速不能自己。

B男正在事業起步期，沒賺太多錢，但是爲人務實勤快；甜蜜話不太會說，但是不時會做一些令阿莎感動到不行的事情，比如：阿莎工作出問題忙得不可開交時，他會偷偷幫忙；有時候阿莎跟朋友玩得太瘋放他鴿子，他就自己找事忙，很晚了還會去接阿莎回家。

「妳到底愛哪一個嘛？」聽阿莎講起來，兩個男人都超優。

「不知道啊。跟A在一起好刺激，跟B在一起好窩心。」阿莎抓狂。

其實這就是一個麵包和愛情的選擇題，阿莎的心思我大概明白，這兩個男人各有各的好，她不知道該選哪一個。可是，爲什麼要做這樣一道選擇題？

「爲什麼不是A就是B，妳想結婚想到了這種程度？」某天我拍拍阿莎的頭反問。

阿莎眨眨眼睛看著我，然後笑了，她好像明白了什麼。

後來，麵包A和愛情B都成了阿莎的好朋友。兩年後，她嫁給了C。C是公司中層主管，儀表堂堂，能力卓著，原本是阿莎的客戶，合作一次之後開始追求阿莎。他們幾經波折，終於在一起，阿莎曾經的選擇題麵包A和愛情B也給予他們深深的祝福。

女孩們請謹記，愛情和麵包不是非要鬥個你死我活的對立面。在這個世界上，有那麼多選擇，妳不是只有這一次機會，妳一定能夠找到一個人，平衡妳的愛情與生活。妳既不要一頭栽進美味的麵包，陷入情感的不完整和不甘心裡，也不能跟著心意走入瑣碎煩惱、讓人喘不過氣的窮苦生活裡。

當麵包和愛情同時出現在妳眼前，成為一道選擇題時，妳不是要做決定，而是要假裝沒看見，繼續尋找。

「C不是最美味的麵包，也不是最甜蜜的愛情，他有什麼好？」婚禮那天，我偷偷問阿莎。

「可是他恰恰好算是一塊可口的麵包，還帶點感情的甜。這麼好的基礎，我以後會烘焙出最幸福的生活。」阿莎笑得分外甜美。

2.吃苦也要計較成本

願意跟一個男人走從無到有的路，願意陪著他一起奮鬥一起實現夢想，不失爲一段完美的現代愛情童話，可是吃苦也是有成本的，妳不能賠光本錢還繼續傻。菲兒跟阿光大學畢業以後還在堅持他們學生時代延續的愛情，他們一起找工作，租了一間小屋住。菲兒說，要跟阿光一起努力，支持他，陪著他，相信他們一定會有個美好的未來。五年的時間匆匆而過，阿光不是沒有一點成績。五年來，跳槽、升職、加薪，阿光通通經歷過，有了一點點積蓄，可是離購屋結婚似乎還有些距離。菲兒精疲力盡，不想再等下去了。她探阿光的口風，問他打算什麼時候結婚。

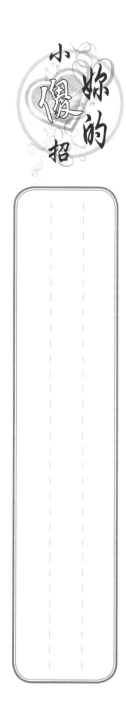

阿光摟著菲兒，親親她的額頭，溫柔地勸菲兒不要著急，再等一等，他不能兩手空空地娶她。菲兒乖巧地點頭，笑嘻嘻地岔開話題談論別的，可是心裡已有計較。

五年來，菲兒不是沒有人追，只是她一直好珍惜跟阿光的感情。阿光沒有劈腿過，眞的是一心一意，而且他還很認眞地爲將來打算，職場規劃和人生計畫都做得一絲不苟，並且堅決執行。只是他們都過分樂觀了，阿光的職場規劃進展緩慢，也因此耽誤到他們的人生計畫。

搬出他們共同租住的小屋那一天，菲兒心情很低落。她哭著跟我說，她不是不能夠吃苦，可是她不能忍受沒有結果的無邊無際的苦。那段日子菲兒借住在我家，整個人瘦了一圈。也是那段時間，她接受家裡安排的相親，從幾個相親對象裡，挑了一位成熟穩重的男士開始認眞交往。

女人對愛情不是沒有一份獨特的堅持。她們也工作也賺錢也努力也上進，很多女人並不指望靠婚姻換來錦衣玉食、富貴榮華。她們愛上一個男人的時候眞心眞意死心塌地，她們願意陪著他奮鬥，陪著他吃苦。在那個時候，她們所付出的青春、美麗、等待、情感、辛苦等等一切，都是她們心甘情願的。但是，如果男人用「沒準備好」、「沒信心」、「再等一等」等諸多藉口，無限透支她們的「心甘情願」，就不要怨怪女人有一天「絕情絕義」地離開你。女人的「心甘情願」、「吃苦耐勞」不是無限額信用卡，愛怎麼刷就怎麼刷。

阿光打了一通電話給我，要我幫他挽回菲兒。我打給菲兒問：「妳現在幸福嗎？」

「我現在很安心。」菲兒溫柔平和地回答我，「妳跟阿光說，過去的就過去了。我們沒緣分。」我說好。我想，菲兒不委屈嗎？她從頭到尾都沒有罵過阿光，阿光確實沒擔當。

她一定是委屈的，可是菲兒最聰明的一點在於：假裝她不委屈，自己爲自己的過去做個好的結束，才能走好未來的路。

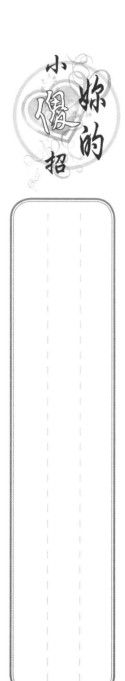

3.遇到不會開花的愛情就去化解

有些愛情註定不會開花，遇到這樣的愛情，不要不知所措，以致傷人傷己。這種愛情其實是可以化解的。

美玲大學一畢業就到一所高中教書。她跟學生年齡接近，思想也相似，再加上她長得漂亮，個性溫柔，沒多久就成爲全校最受歡迎的女教師。這種受歡迎更傾向於在男生之間。

很多男生喜歡在課後拖住美玲問問題，或者帶著作業本、考試卷跑到辦公室去跟美玲獨處。美玲似有若無地有所察覺，一些男生在問問題的時候喜歡靠她很近。後來，班裡盛傳美玲喜歡用的香水牌子，美玲啞然失笑。

當然，也不是所有男生都這樣。還有一些人，好似討厭死了她。上課的時候，喜歡取笑她，開她玩笑，讓她丟臉。課外喜歡找她麻煩，讓她焦頭爛額疲於奔命。然而這些男孩子在她這門課的成績上又異常優異。眞是頭疼！老師也不是什麼輕鬆的職業！

後來，她問稍微有些經驗的女同事：「這樣的學生該如何對待？」

女同事掩嘴巧笑：「這小男生情竇初開，他是愛慕妳呢！」

美玲驚呼：「怎麼可能？」

女同事接著說道：「可能他們自己都沒察覺到哦。男生這個年齡正是直覺動物時期，想怎樣就怎樣，沒有用頭腦仔細想過的。」

美玲仔細回想，點點頭：「那麼，還眞有可能。」

怎麼辦呢？女同事給出四個字：以柔克剛。然後便再也不多說了。

美玲回去細細領悟這四個字，然後把這一招用在所有男生的身上。首先，她上班盡量穿

得更職業一些，摒棄了小女生的珠花、頭飾、耳墜、手鍊。然後，對不停問問題的男生表示肯定、表揚，但是指出他們的成績並不令人滿意，讓自己顯得像是一個長輩。對於不停攻擊她、冒犯她的男生，則保持淡然平和、溫聲細語，表現出一種對叛逆期小男生的包容、理解、體諒。

現代的學生，雖說對老師已無太多敬畏，但是敢於明目張膽向老師示愛的仍是不多見。就這樣，一場註定不能開花、沒有結果的暗戀，就被悄無聲息地化解掉了。

面對其他同樣註定不會開花結果的戀情，亦可用此招化解。不管那個「暗戀者」自己知情與否，妳都不要去點破、戳穿。一切都是靜默的，就好像妳從來不知道，就好像這感情從來不存在。妳不要不知所措，也不要裝得太假。讓時間給他們「潑冷水」，等到他們意識到這種情況，或者追憶這一段日子，可能有悔恨，可能有懷念，可能覺得極美好……總之，不會對妳心有怨言，或許，還可能會念念難忘。

4.女人的身體最矜貴，交給誰也別交給愛情

女人最矜貴的是身體，而男人最矜貴的是愛情。很多時候，他給妳錢，給妳精液，給妳花前月下；但是愛情，抱歉啦，他不給妳的。

當女人很愛很愛一個人的時候，願意傾注一切去愛他，她給他的最重要的禮物就是身體。很奇怪，時至今日，身體仍然是最後一道防線。

小淚就是這樣。她如火如荼地愛上了一個男人。某個時刻她覺得，如果失去這個男人她就不能獨活。於是有一天，這個男人要離開她，她就把她最矜貴的禮物送給他，以爲最矜貴的身體可以換來他最矜貴的愛情。這怎麼可能呢？那個男人拿到這個禮物沒幾天，還是走了。

後來小淚很喜歡到酒吧、夜店混，花了很多時間、精力學鋼管舞，跳得如同職業舞孃。當小淚開始跳舞，酒吧裡所有人的眼光都會聚焦在她身上。理所當然地，她認識了酒吧老闆雅然。雅然這個人就像他的名字一樣，是個優雅迷人的男人。小淚的性感令他著迷，交往沒多久他便要帶小淚回家過夜。

小淚打了一通電話給我，我問她：「於是妳跟他……？」我話還沒說完，小淚截斷：「當然沒有。傻一次是天真，傻兩次就是笨了！」

那天，小淚裝作沒聽懂雅然的暗示，甚至沒要雅然相送，獨自回了家。雅然意識到小淚不是一個可以戲弄的女人，他開始重新思考他們的關係。

那段時間，小淚不再頻繁找雅然，也不再經常給雅然電話，雅然一下子由親密男友變成了一個普通人，而雅然卻開始主動去瞭解小淚。首先令他吃驚的是，美麗性感的小淚卻是某公司高級技術人才。之後又令他大感意外的是，小淚眞正的日常裝扮是日系小淑女的風格。還有，小淚的撒嬌、發嗲其實只對他一個人，她在別人面前完全一副居家小女人的樣子。怎麼會有那麼可愛的女孩子？雅然覺得自己被上帝眷顧了，因爲他遇到小淚。

然後，雅然想起那一晩，感覺自己冒犯了小淚。他立刻跟小淚賠罪，開始認眞做小淚的男朋友，開始讓小淚進入他的生活，甚至開始考慮結婚。當他費盡心思和感情得到小淚的時候，他覺得這是世界上最珍貴的禮物。小淚是失去過一次後，才懂得女人身體的祕密。這是女人最矜貴的禮物，只有當男人翻山越嶺，歷盡千辛萬苦之後，才可以給他。因爲相信愛情的感覺，所以輕易地把它奉獻出去，誰會在乎？身體從來不是愛情的手段，而是一個重要的因素，妳必須交予一人，交給珍視和承諾，但絕不是交給愛情。

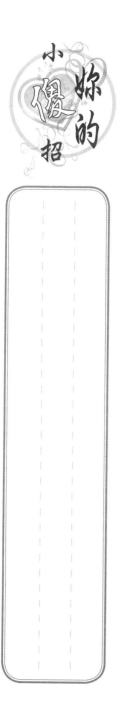

5.要給男人表現的機會

妳可能不相信，其實男人天生喜歡被女人利用。

Coco總不滿Elle對男友的態度，她不止一次數落Elle：「自己能做的事情就盡量自己做，不要覺得人家是妳男友就應該什麼都幫妳做好。還有啊，妳要學會疼男人，他累的時候、難過的時候，不要大大咧咧地裝看不見……」這個時候，Elle總是滿不在乎地說：「安啦安啦，我有分寸。」

後來Coco發現，Elle根本沒有聽她的話，仍然像以前一樣我行我素。Elle的男友卻一如既往地對Elle好，而且越來越趨向於一枚完美男友。一次聚會上，Coco跑來跟我咬耳朵：「妳看妳看，Elle又指使男朋友做這做那。妳說他脾氣怎麼那麼好？Elle說什麼做什麼還那麼高興的樣子。我以前對Joe多好啊，Joe還是要跟我分手。」Joe是Coco的前男友。

「是啊，妳對Joe好得沒話說，好到Joe都沒機會對妳好，人家英雄無用武之地，只好跟妳分手囉。」我戲謔道。

Coco瞪大了眼睛問我：「什麼意思？」我喝了一口飲料，開始傳授獨家祕訣。

不要以爲，妳對男人越好，男人就會越愛妳，不要以爲男人喜歡被動接受的好。其實，男人是付出的動物。跟被動接受比起來，他們更喜歡主動付出。他們喜歡被女人利用、被女人指使。當然，這又有兩個前提。首先，他必須是眞的很愛妳，只有這樣他才願意被妳指使和利用。其次，妳

要對他的付出表現出感激和感動。這才能使他得到滿足感，讓他覺得自己充滿男子氣概，並且更積極地爲妳做事，赴湯蹈火，在所不辭。

有時候覺得女人好傻，明明天性是喜歡被寵愛、被服侍的，可是一旦愛上了一個男人，就要壓抑自己的本性，變得千依百順，自己不開心不說，也讓男人處境尷尬。男人不接受妳的好，似乎是不識好歹；接受妳的好，又讓他們無所適從。所以，女人要貼著男人的心行事，就去做一個任性的、粗神經的、會依賴的小女友好了。這樣，男人和女人都快樂，皆大歡喜。

Coco埋怨地瞪著我：「妳爲什麼不早說？」

我故作驚奇地望著

她：「妳失戀這麼多回都沒明白嗎？」Coco怒起追打我。

打鬧了一會兒，Coco有感而發：「下次戀愛，我也要像Elle那樣，讓男人爲我付出。妳說，是不是一個男人習慣了爲女人付出、對女人好，就會一生一世不離不棄了？」

我大讚Coco有慧根，正是這個道理。他沒有努力過，沒有成就感，又怎麼會珍惜？

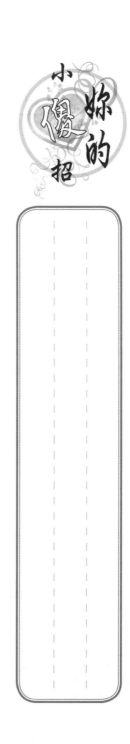

妳的小傻招

6.很多東西都足以抵償失意的愛情

女人失戀是個大事，彷彿一夜之間失去的不僅僅是一個男人，還是一種生活。

Minnie曾經覺得自己是世界上最幸福的女人，因爲她擁有世界上最溫柔體貼、最開朗瀟灑的男朋友。她認定自己一定會嫁給他，然後成爲一名平凡的小婦人，過著簡單而幸福的生活。但是突然有一天，這個集天下美好之最的男人告訴她，他的前女友回心轉意了，他要回到她身邊。

怎麼可以這樣？！

「你告訴我，我哪裡不好？」可憐的Minnie，她眞的什麼都不懂，竟然問出這種傻問題。

「妳很好。」

「那你爲什麼選她不選我？」

「最先生」被逼無奈，只好細數Minnie的不好：「妳……說話的聲音有點尖，聲量稍微高一些就顯得歇斯底里。妳吃東西的時候喜歡舔嘴脣。還有，我不喜歡妳大笑的樣子……」

「你不要說了！」

然後Minnie向我哭訴，他誇過她的聲線甜美，他讚過她吃東西的樣子可愛，他還曾說她笑起來無心機的樣子惹人憐……奇怪啊奇怪，都說女人反覆無常，原來男人才是出爾反爾的混蛋。他愛她時她的那些好，在他不愛她時通通變成了壞。

「Minnie妳聽我說……」

「他本是世界上最溫柔的男人，爲什麼一眨眼又變成世界上最殘忍的男人？」

「Minnie妳聽我說……」

「前女友曾拋棄過他呀，誰能比我更堅貞？」

「Minnie……」

「親愛的，我不想死。可是我覺得我的生活完了，我不知道活著還能做什麼？」

「Minnie！」我終於忍不住對她吼，「有很多東西都足以抵償失意的愛情。妳只是還沒明白什麼才是最重要的。別傻下去！」

後來Minnie跑到法國學藍帶，她發誓要成爲最出色的甜點師傅。

之後一年，我經常收到Minnie寄來的明信片和她的E-mail，她把在法國的點點滴滴都細細對我訴說：房東太太如何討厭，在哪裡能找到便宜的二手名牌，迷路的經歷，甜點師傅如何讓人迷醉，她失敗的蛋糕怎樣處理，買錯食材怎麼辦……Minnie好像重新活過來了。

一年後她回來，我們約在一個不起眼的小咖啡館裡。我問Minnie，對「最先生」是否仍念念不忘？Minnie微笑說，好像不是那麼難過了，現在最幸福的事情不是想念「最先生」，而是做甜點。

是嘛，女人是被愛的動物，只要能找到被愛的感覺，離開一個男人、忘記一個男人也不是什麼難辦的事情。Minnie的痛苦不僅僅是失去了所愛，更是失去了「被愛」。

從今以後，那個原本「最愛」她的男人要去愛別人，怎麼能忍受？可是甜點讓Minnie重新找回了「被愛」的感覺，在做甜點的時候，她期待自己手中誕生的美好滋味。

當她的甜點完美呈現，這一種「喜悅」和「肯定」讓她覺得自己重新被愛——被興趣所愛，被世界所愛。做自己喜歡做的事，是一種無與倫比的抵償。所以每個聰明的女人都要知道，在愛男人之餘，還要去愛別的事物。

妳的小傻招

7.聰明女人從不索取承諾，而是給男人承諾

傻女人要承諾，聰明女人給承諾。

時至今日，女人早就明白一個道理：男人的話若是能信，母豬都能爬上樹！可是，很多女人還是情不自禁地想向男人要承諾。

Cora是一個承諾狂。她最喜歡問她的男朋友：

「你這一生只愛我一個對嗎？」

「我們永遠不會分開對不對？」

「不管發生什麼事，你一定不離開我是不是？」

……

她的「應諾先生」頻頻點頭：

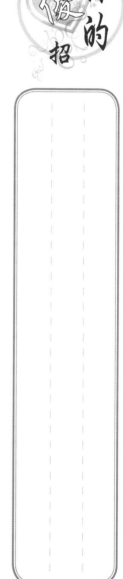

「是的，我只愛妳一個。」
「是的，我們不會分開。」
「是的，我不離開。」

……

Cora每次聽到男人的回答，總是心滿意足、手舞足蹈，她覺得她的愛情透過這些承諾變得萬分可靠。

有一次我忍不住勸她：「Cora，別再追著『應諾先生』要那些蠢承諾了！這沒有意義。」

「可是我愛聽啊。」Cora滿不在乎，理所當然地回答我。

怎麼還不明白呢？女人愛聽，可是男人並不愛說。很多時候，他們覺得做比說有意義。他們會在下雨天給女人送一把傘，卻不一定會說「我怕妳感冒」；他們

會在午夜接加班的妳回家，卻不一定會說「我擔心妳」。每個男人的好，只有在他身邊的那個女人才知道。奇怪的是，那麼多女人只信他們說的，不信他們做的。

「應諾先生」終於忍受不了Cora的日日追問，他找Cora談話。他並不是要分手，他只是想要弄明白：Cora妳到底想要怎樣？

Cora慌了，她連忙跑來問我，「應諾先生」是不是不愛她了？

「親愛的，放輕鬆。他只是累了。」

日日索取承諾的結果，是讓男人懷疑他給不起妳想要的東西，他沒能力承擔妳的幸福——因爲妳是那樣不安，那樣猶豫，要再三確認，要百轉千迴。

不要以爲只有妳缺乏安全感，有時候男人也缺乏安全感。妳怕他離開妳，而他擔心有沒有能力讓妳快樂。妳頻頻追問，豈非證明他無此能力？

女人要開始學聰明點，別索取承諾，而是給男人承諾。

不需要指天誓日賭咒發願，只需要在他為妳做些小事之後，傻乎乎地表現出妳很快樂。

這是一種無聲的極致的承諾，當他感受到自己所愛的人因為他而幸福快樂，他的安全感隨之而來，他便永遠不想離開妳。

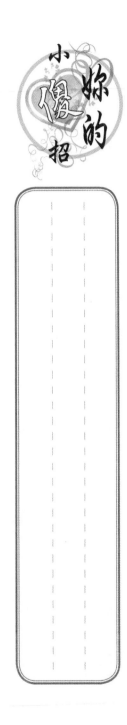

8.萬人迷的 fans 也能迷倒好男人

不做萬人迷，一樣有辦法可以迷倒好男人。

員工餐廳裡，小T獨自靜靜用餐，忽然聽到一個彬彬有禮的聲音在她耳邊響起：「我可以坐在這裡嗎？」小T抬頭看見來人，又驚又喜，連連點頭。男人笑容可掬地緩緩落座，開始吃東西。

小T注意他很久了。他是企劃部才華洋溢且開朗活潑的新人，待人有禮，工作認眞。一雙單眼皮眼睛，笑起來瞇成一條縫，顯得單純可愛。不笑的時候，又像星星一樣溢滿溫柔的光。當然，情人眼裡出西施，我毫不懷疑小T有所誇張。

「怎麼樣才能讓他來約我呢？」有一段時間，小T總問我這一個問題。我不耐煩地回答她：「妳要是那麼喜歡他，就去約他好了。」

小T苦惱地搖頭，「不要，那樣顯得我好cheap。」

這次餐廳偶遇，小T覺得是天降好運。只不過，他的眼睛爲什麼盯著總經理特助阿MAY打轉？小T不高興了。那個女人是公司裡的萬人迷，小T打賭，公司裡有一半男生對她有意思。阿MAY那種女人，擁有美麗的臉蛋和妖嬈的身材，對每個男人來講，都是夢寐以求的。

小T對著心儀之人感嘆：「她長得漂亮，人又好，不知道什麼樣的男人有福氣追到她。」

「妳說誰？」企劃部新人帥哥問。

「當然是阿MAY啦。去年耶誕節，阿MAY收到好多玫瑰花，她那間辦公室幾乎裝不下。下班的時候，她分送給我們這些朋友，我們都好開心。還有，她能力超好，我們遇到的麻煩她都能搞定。」

新人帥哥落寞地點頭，小T繼續訴說：「我好喜歡她。」新人帥哥聞言，仔細觀察眼前的女孩：個子小小，眼睛小小，嘴巴也小巧，小巧玲瓏的樣子很可愛。他開始自我介紹，然後他們經常出去玩。小T不遺餘力地誇讚阿MAY，新人帥哥卻覺得阿MAY離他越來越遠，而眞實在他身邊的小T充滿魅力。

跟萬人迷做情敵，表現出強烈的敵意是最不智。萬人迷之所以能夠成爲萬人迷，自有其閃亮耀眼之處。妳大大方方表現出對萬人迷的喜歡，甚至做萬人迷的fan，不失爲接近心儀男人的一個妙招。畢竟，萬人迷與他而言那麼遙遠，而妳才是具有無限可能性的那一個。

從他心中的萬人迷開始，他會覺得妳跟他好投契，說的話句句合他心意。當這個心理暗示一旦形成，他會更在意妳，更靠近妳。這時候，妳潛移默化，潤物無聲，盡情施展妳的催情魔術。終於有一天，妳會誘他對妳說出妳最想聽的那三個字。

我後來大讚小T聰明，小T抿嘴笑：「不過是找對了突破口。」

9.沒有例外的無情

有些男人天生無情，他對任何人都不會有例外，包括妳。

甜甜說起男友，便止不住幸福地笑。她列舉出一大堆的小細節來印證他的好。

有一次，她工作出錯被上司罵，心裡很難過很難過，她想找他來傾訴。她知道，那晚他父親做壽，但是她忍不住。電話裡，他聽到她哭得那麼傷心，便毫不猶豫地急忙從家宴裡跑出來，陪她散步，帶她吃東西，還講笑話逗她。

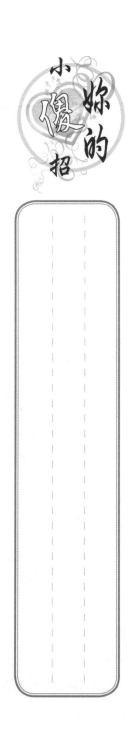

他們倆一起出去逛街，她無意中翻到他手機裡的簡訊。他前女友發來很多簡訊訴衷腸，表示對他念念不忘，說仍然在等他回心轉意。甜甜心裡一股醋意湧上來：她對這個女人又恨又厭。接著翻看男友給那女人的回覆，便立即眉開眼笑。男友說她很煩很討厭，還說如果實在受不了就去死好了。反正男友對那女人是無情狠心到極點。甜甜於是心滿意足，覺得自己是他的最愛。

街上遇到陌生人來問路，男友從來不耐煩，拉著甜甜急忙走開。甜甜埋怨男友沒愛心，男友說：「我不要不相干的人佔用我們相處的時間。」甜甜又感到快樂無比。

後來他們一起旅行，在異國陌生的街

頭，男友接到一通電話，不知道是誰打來的，不知道說了什麼。男友匆匆交代一聲，就收拾行李走掉了，留她獨自在異國他鄉。她回來很生氣，她等他解釋，可是他什麼都不說，還嫌她煩。後來他不寵她了，不疼她了，不萬事以她爲先了。她懷疑他愛上了別人，開始調查他，結果一無所獲。

「沒有別的女人出現，可是爲什麼他不再對我好？」甜甜問我。

「因爲他天生就無情啊。」我早看透了他。

有些男人，天生就無情。他可以隨意地丟棄妳，讓妳在陌生的地方徘徊、恐懼、無助。他凡事以自己爲先，而妳只是附屬，只有在他沒有事情的時候妳才會被想起。他可以隨時不理妳的死活，不管妳的感受，做他想做的、要做的事。

說好聽一些，他就像個孩子一樣任性。實際上，他根本沒有照顧妳的責任感。也許某個時段他對妳很好，好得不能再好，可是他對家人不好，對朋友惡劣，對陌生人沒愛心，那他就不是眞的好。他對妳好，也只不過是因爲那個時段裡，對妳好能令他快樂而已。

女人跟男人相處的時候傻一點會顯得可愛，可是看待男人平時的表現則要分外精明。他若只對妳一個人好，妳便要小心，有一天，他會像對別人那樣對待妳。

這個時候，妳要對他說：「你太好了，我承擔不起你的這種好。如果你分一點給別人，才是眞的好。」然後果斷離開他，以免將來被丟棄。

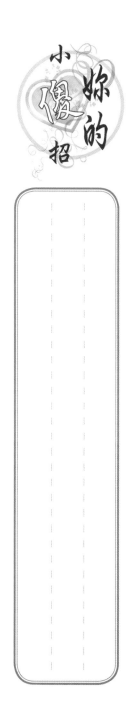

10.嫌棄不是膚淺的事

嫌棄是妳最切身的感受，怎麼會是一件膚淺的事情？

有些女人天生就愛帥哥，男人不帥，她愛不起來，相處也無趣味。然而，最終她找到的男友就不帥、不高、沒魅力，總之就是好平凡。她選中他的唯一理由就是：他對她好。

小璿就是如此。她自己身高普通，身材一般，放低一下漂亮的標準，再努力打扮打扮，也勉強算得上美女。不過她天生愛帥哥，跟她一起逛街，看到高高帥帥的男人，小璿就會讚嘆半晌。

後來小璿交男友，我們都以爲會是個帥得飛天遁地的人物，哪想到只是個平凡的男生，長相無特色，氣質無特色，談吐也不出色。

有朋友私下吐槽：「妳不是非帥哥不要嗎？」

小璿故作無奈：「沒辦法啦，誰讓只有他對我最好。」我低頭淺笑，心裡明白小璿這句嘆息有多眞心。

從那以後，再也沒見過小璿帶男友出現在衆姐妹面前，甚至不常聽到她提起他。姐妹們議論男友的時候，小璿也多是在一旁聽著，不參與進來。偶爾大家起哄，要求帶男友出席聚會，小璿便罵姐妹們不義氣，看準她男友忙抽不出時間來。

其實誰都看得出來，她嫌棄他。

「既然那麼嫌棄，爲什麼不分手？」我問小璿。

「我覺得自己好討厭，他只是長得不好看。其實他樣樣都很棒啊，對我好又忠心，我不開心就逗我開心，我想做什麼都願意奉陪。怎麼辦？其實我很喜歡他啦，如果他能帥一點就完美了。」小璿很苦惱，只是這些苦惱她從不對別人傾訴。

「我覺得這種嫌棄很正常啊。」我捏了捏小璿的臉。

是的，我一直認爲，嫌棄是一件再正常不過的事，女人沒必要有罪惡感。這個男人，妳喜歡他的個性，妳喜歡他做事的方式，妳喜歡他對待妳的好，妳喜歡他的脾氣……總之，妳很喜歡他。

可是，妳不喜歡他的長相，不喜歡他的身材，甚至可能不喜歡他的工作、他的職務。這有什麼？拜託！難道我們都是瞎的嗎？我們每天塗厚厚的保養品，拼命管住自己的嘴巴節食減肥，也不過是爲了在鏡子裡面看到美麗的自己，這是我們給自己眼睛的福利。

而我爲什麼要降低標準看你不美好的樣子？我們的心靈也有一條愉悅線，倘若男人的工作、男人的職務低於這條愉悅線，我們又爲什麼不能嫌棄？

遇到這樣的情況，我覺得小璿好聰明。她把他收藏起來，不輕易露出。她不抱怨他不夠好看，哪怕再好的姐妹也不。她風輕雲淡地繼續談戀愛。

她說，「走走看，結果沒出來之前，妳怎知妳不能忍一輩子？哪裡找完美的人？」對嘛，嫌棄不是罪過，也不膚淺。倘使嫌棄，那就把那男人收藏起來，不要到處給人看好了，也不要抱怨。我們都不完美。

妳的小傻招

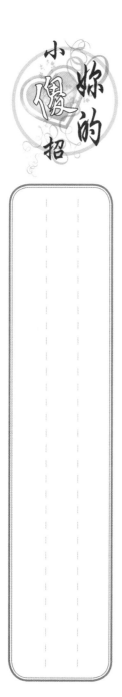

11.貞潔亦是一種自主的選擇

活到二十八歲還是處女，絕對不是一件丟人的事情。

潔潔其實戀愛經驗很豐富，國中的時候開始跟鄰居家的大哥哥拍拖，之後幾乎沒有空窗期，男友不斷，這邊分掉一個，那邊立即有人替補。可是戀愛次數數不清的潔潔，至今仍保持處女之身，很不可思議吧？

二十八歲的潔潔，跟現任男友拍拖半年，男友一直很想跟她Make Love，潔潔猶豫很久才下決心。那是七夕夜，潔潔跟男友看完午夜場電影，捧著他送的一大束紅玫瑰，跟他來到早已預定好的房間。

潔潔不記得那家酒店的裝修和擺設，但是她記得那張床，潔白的king size大床，那張床令她緊張到不能自己。很多細節她已經模糊了，但是她記得當他衝破她身體裡的阻礙時，眼裡那一抹奇異的光。

潔潔當時覺得很幸福：他一定感動壞了。然而事後，他情緒低落、表情忐忑地問潔潔：「難道都沒有人想要過妳嗎？」好像他吃了一個大虧一樣。

潔潔愣住了，同時一種憤怒和委屈的情緒抓住了她。他怎麼可以這樣？！他應該很感動很滿足地抱著她，對她承諾以後會更疼她。

他應該覺得這是一種天大的幸運，比中樂透還要幸運。反正，他不應該這樣：好像她有問題，好像很失落。

潔潔問我：「既然這樣，分手好不好？」

「分手？就爲這個？」我覺得潔潔好兒戲。「這很嚴重啊。他一點也不珍惜我！」

「妳很幼稚耶！他只不過在拆禮物的時候沒有表現出妳期待的樣子，哪裡就不

珍惜妳了？」

有一天他會珍惜。的確，在這個年代得到一個處女是件罕有的事，所以妳得允許男人表現出驚奇、難以置信，要允許他們正常地表達情緒。畢竟人人都說現在的社會女人通通都性開放啦，根本找不到一個處女嘛。

女人也不必因爲自己是處女就覺得丟臉，每個人身體的祕密只有她自己知道。當貞潔的身體令妳愉悅，那麼貞潔又有什麼不好？眞正公平開放的社會，是妳想豪放就豪放，想保守就保守，這只不過是一種選擇而已。

在是否處女這個問題上，女人一定不要裝傻，也不要太在意，大大方方說事實才是最聰明的。就算是有些年紀的處女又怎樣？而男人，當有一天，他回想起得到的是一個貞潔的妳，他會開心的，不要因爲他們一時的言語和態度就對自己沒信心。

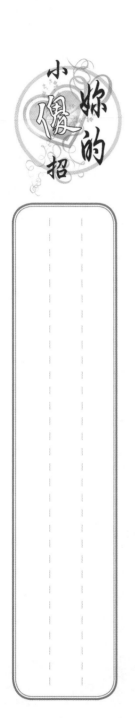

12.交朋友和找男友是兩回事

別太貪心，若是只想交朋友，就不要還想著順利升級成爲男女朋友。很多時候，壞事的都是交朋友的想法。Eden原本只是想跟Arlen做朋友。原因無他，只是因爲他們兩個很投契：他們都喜歡吃泰國菜，都愛好游泳，都喜愛阿諾史瓦辛格，他們常去同一家書店，他們連最近買的鞋子都是出自同一品牌……這般投契，又沒有心跳加速、小鹿亂撞的反應，自然要做好朋友啦。

於是Arlen常常約Eden去逛街、戶外運動。Eden也是有約必至。這兩個人的關係越來越密切起來。忽然有一天，Eden覺得自己心態變了，她不太能夠忍受Arlen跟別的女人親密交談，尤其Arlen還露出十分愉悅的笑臉。她也不能忍受某一段時間，Arlen不再約她，或者約她的次數減少。

Eden渴望看見Arlen，渴望霸佔他，也渴望被他佔有，渴望他日日夜夜只對她一個人好。於是她開始頻繁地和他約會，開始阻止他跟別的女人見面，開始強行介入他的生活。然後Arlen開始躲避Eden，他開始對她有越來越多的藉口：

「好忙啦，沒時間見面。」

「哎呀，我上次才去過，這次不要去啦。」

「那裡不好玩，我們下次換個地方再約。」

……

Eden很難過很難過：他以前明明對她很好，好得讓她看見千千萬萬個可能，爲什麼一轉眼，這些好都沒有了？爲什麼他開始冷落她、疏遠她？於是，Eden使出最後的殺手鐧，她去向Arlen告白。結果，當然是被拒絕。

我對Eden說：「不怨人家啊，是妳太貪心。」

最初，妳不過是想交個朋友嘛。然後是妳自己一步步泥足深陷，妳看到萬千可能性，妳開始胡思亂想，然後妳身似浮雲、心如飛絮，直到妳發現了愛情。

更傻的是，妳發現愛情之後，就把妳的佔有慾和控制慾表現得那麼明顯！喂，你們只是朋友，還不是男女朋友。男女朋友之間都討厭的事情，朋友之間豈非更是大忌？

聰明的辦法是裝作沒事，偵查你們之間有無可能，伺機而動。

實在忍不住，也可以傻乎乎地問一句，「我做你女朋友怎麼樣啊？」看看對方的反應。

對方沒反應，妳就應該迅速放下。

因爲，最初妳是只要跟人家做朋友的，就不要太看重這個結果，畢竟交朋友和找男朋友是兩回事。

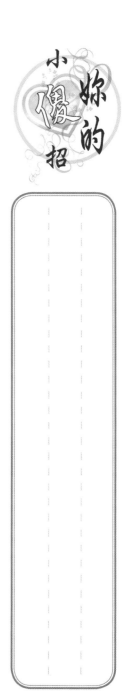

13.不做愛情販售機

不是只有男人會變心，女人也會。

小紫跟男友可謂是一見傾心，二見鍾情，三見差不多就打算訂終身了。愛情盛大濃烈得彷彿烈火烹油、鮮花著錦。那段日子，她萬事以他爲先，把他的喜惡變成自己的習慣：吃他愛吃的菜，聽他愛的CD，穿他喜歡的衣服。逛街一定要逛男裝部，聊天說什麼總能扯到他。爲了跟他共進晚餐，餓著肚子等他一整晚也不抱怨。他說的話她都奉爲圭臬，他做的事她都拍手稱好。她把自己變得很低很低，低到塵埃裡去，看塵埃裡開出一朵花，這朵花，就是她的付出。

幾年過去，小紫發現自己變了。她跟別人說話很少談起他。如果別人提起他，她會感到厭煩。她開始有自己的穿衣風格，而且最愛與他作對。如果晚餐他爽約，她好開心好開心，快樂地去安排自己的節目。每當爲他做一件事，她就情不自禁感到委屈，反問自己：妳憑什麼對他那麼好？

她開始覺得他說什麼做什麼都不合心意。她開始不能接受他的論調、觀點、思想。她感覺他的生活習慣也變成了極其糟糕的東西，處處與她違和。這種厭惡甚至反應到了生理上：當他吻她，她要用好強的自制力才能忍住不推開他，不擺出嘔吐的樣子。

怎麼會這樣？明明仍然是這個人，明明一切都沒有變。

她開始回憶他們曾經的一些美好。如果往昔的日子停止在往昔，她會覺得很快樂。如果順著往昔的日子聯想到現在，她就煩躁，無所適從，想要逃開。

小紫問我：「我是不是出了什麼問題？」

我想了想，回答她：「不是的。親愛的，妳很好。可是妳知道嗎？愛情也是有生老病死的。妳的愛情死了。」

「什麼叫做愛情死了？」小紫疑惑。

「通俗地說，就是妳變心了。」

「不可能！我沒有愛上別人。」

「不是只有愛上別人才叫變心啊。妳閉上眼睛想一想，如果現在，妳男友愛上一個美麗大方、事業有成的女性，妳是不是一點都不會難過嫉妒，是不是會特別開心地送走他？」

小紫沉默，代表我說的全中。於是我接著提議：「那麼就這樣去做吧，不要被他發現。」

愛情是有生老病死的。即便沒有第三者出現，沒有其他阻力妨礙，若愛情死了，一樣是無力回天。小紫不能面對的其實不是她變心這回事，而是她沒辦法開口把它說出來。

明明白白直來直去的女人叫做敢愛敢恨，而敢愛敢恨在旁人看來或許是一種美好的品格，在被敢愛敢恨的對象看來實在可惡，他們會想：妳怎能如此輕易把我拋？可是，妳不是愛情販售機，妳不能對著死掉的愛情，還苦撐著無限量供應對方。

這個時候，我們通常會特別特別渴望，對方先變心吧。那麼就去悄悄地做好了，傻傻地把更適合他的女人引入他的生活，引誘他去愛別人。最終，他還會感激妳放手。

PS：若不成功，也要停止做那些讓自己厭惡的付出。男人發覺付出沒回報，遲早會放手。

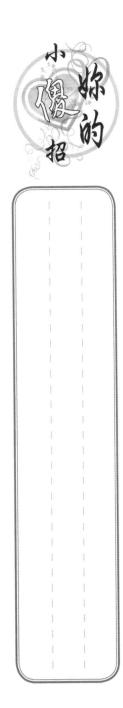

14.不管心情如何都要笑

沒有男人捨得離開一個快樂的女人。

小Z跟男友分手以後天天以淚洗面。她對每一個她遇到的朋友哭訴，說她已經做到最好，男友還是要離開她，毫無轉圜餘地。她說能爲愛人做的事她都做了。她爲他洗衣煮飯，整理房間。因爲他，她下班以後早早回家，不跟姐妹到處逛街。逛街買衣服也以他的好惡爲標準，盡可能讓他看到賞心悅目的自己。既然這麼好，爲何他還要走？

「因爲妳的臉。」我提點小Z。

「我的臉怎麼了？我不漂亮了？」小Z緊張地問。

「妳一直很漂亮啊，可是妳不會裝開心。」小Z仍不懂，一臉茫然地看著我。

從小Z跟姐妹們相處的樣子，我就知道她男友跟她在一起有多痛苦，因爲她總是不開心。工作不開心要一臉鬱悶地傾訴，管不住自己刷爆了卡要一臉苦相地埋怨，乃至於被陌生人撞了一下都能導致她一整天心情不好。

現代社會節奏快效率高，人人都有一堆麻煩事要應付，誰有空整日看妳擺臉色、倒苦水？姐妹們都受不了，更何況是日日相對的男朋友。

沒錯，愛人做的事妳全做了，妳做到了一百分，可是一張苦瓜臉讓這一百分貶值到負分。兩個人在一起最重要的是開心，沒有那些開心打底，怎能忍受更多需要面對的瑣碎和煩惱？當男人日日面對一張不開心的臉，他便自然而然地把往昔那些甜言蜜語封箱保存，束之高閣，從此妳再難聽到，妳便更不開心，好似他不再愛妳，不再關心妳。

哇！多可怕的惡性循環，最後只有分手一途可以走了。

聰明的女孩子就要會裝開心。白天在公司裝完親切，晚上回去面對男友，也要做出一副心情很好的樣子。哪怕遇到大麻煩，半是嬌嗔半是傾訴地抱怨完，也該雨過天晴，男友總不能代替妳做所有的事。妳開心，他便也開心。他的好心情反哺給妳，妳或許就真正快樂起來了。

最怕在外人面前裝完親切快樂，回到自己人面前反而一臉兇巴巴，好似終於找到了宣洩的管道，就像小Z。

小Z後來明白了自己的不足，改起來卻異常艱難，稍不小心就原形畢露。她便嘆自己無心機。噢，老天！她不是無心機，她是無心啦。有心者事竟成！

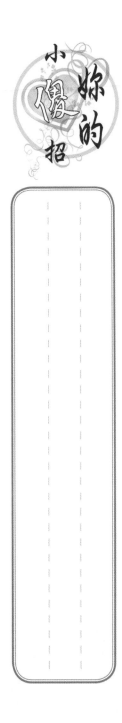

15.女人想享福就得選隻牛

有些傻女人選男人的標準在我聽來很可笑：他很可靠。哈！什麼叫可靠？

美妙是我喜歡的那種女生，不算漂亮，但是特別有氣質，人群之中讓人過目難忘。她很聰明，她的那種聰明不會令人覺得尖銳、咄咄逼人，反而如沐春風。可是這麼值得欣賞的女孩子，挑男人的眼光卻令我不敢恭維。

她的男朋友傑是這樣一個人：週末的時候，他寧願窩在家裡，也不願意出去跟朋友吃吃喝喝。下了班，他歸心似箭地回到家中，趴在電腦桌前玩遊戲。他不愛做家務，總是拖到無可奈何時才勉強做一做。當然，在美妙看來，這是小毛病，不值一提，甚至連不跟朋友出去玩鬧也成了優點。美妙說，這樣的男人令她放心，他不會出去鬼混，也不會胡亂招惹別的女人，非常可靠。

我曾經不止一次地對美妙說，「妳男朋友那不叫可靠，那叫懶惰。天啊，這麼懶的男人怎麼可能給妳幸福呢？妳現在這樣湊合著，以後有的妳叫苦。」美妙不聽我言。

他們倆是在結婚前夕分手的。大家都知道結婚是個麻煩事：選中式婚禮還是西式婚禮，請哪些人來，印喜帖，準備禮服等等一些瑣事。傑在這樣重要的時候開始放牛吃草，無論美妙問他什麼問題，他總是回答：「親愛的，妳決定就好。」一開始，美妙覺得這是傑對她的尊重，甜蜜開心地繼續忙。後來事情越來越多，各種瑣碎之事幾乎逼瘋美妙，而傑仍然對她說：「妳決定就好。」

有一天，美妙終於忍無可忍，對傑大吼：「這是我們兩個人的婚禮！爲什麼好像只有我一個人重視它，而你就像個看倌？！」傑不疾不徐地回答：「誰說我不重視？爲了辦個讓妳開心滿意的婚禮，我不是把所有事的決定權都交給妳了嗎？」兩人爭執很久，美妙一氣之下摔門而去。

美妙問我：「傑是不是不愛我了？如果他不愛我，爲什麼要跟我結婚？」

我冷笑：「親愛的，他愛誰都會是這副德行。這種男人天生有懶病，無藥可醫。」

女人千萬不要指望一個天生懶惰的男人會對妳有多好，甚至，他有可能把所有的問題都丟給妳。這種男人懶得做家務，懶得跟朋友應酬，當然也懶得工作，最好讓他們舒舒服服地躺著過下半輩子。自然，他們對自己要求也不高：事業不出色沒關係，能過活就好；生活不精彩沒關係啊，平平淡淡挺好。

遇到心儀的女人，獻一陣子殷勤追到手，他們就懶得應付了。人懶嘛，自然什麼都懶的。他不會花心思花力氣討妳歡心，也不會在誤會產生之時積極跟妳修補關係，更不會在兩人世界裡做什麼事情讓妳快樂！

勤快的男人就不一樣。他會努力做事業，用心討好妳，爲妳做各種事情。

也許他會很忙，沒有太多時間陪伴妳，但是只要他一有空閒跟妳在一起，妳會發現有他陪伴的時光都是極爲動人的，因爲他之前會花心思安排，期間好戲不斷，令妳目不暇接。跟懶人在一起，日日相對都是無聊的。

女人嘛，就應該對男人狠一點！

「妳若想享福，就要選隻牛。」我最後對美妙說。

美妙這次似乎完全把我的話聽進耳裡，記在心上。

她跟傑的婚禮告吹，她決心

去尋找下一個男人。

這一次，她再不要表現得自己很聰明很能幹，她要努力裝傻，把問題丟給那些男人，從中找到勤快的男人。

妳的小傻招

16.天生媚骨的女人

有人若評說一個女人天生媚骨，我便以爲這是極高的評價。

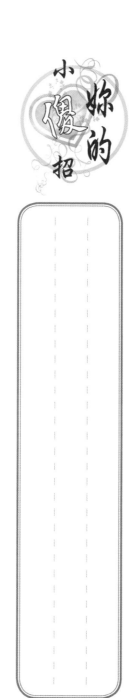

在形容一個女人的風韻之美裡，「媚」是一個很特別的詞。妳可以把它想得很低俗，俗到不堪入目，也可以把它想得很有風致，稱得上風華絕代。

而無論如何，遇到有媚骨的女人，總比遇到有點呆、有點遲鈍、毫無風情的女人，要來得令人喜悅。這種女人也理當更受歡迎。我這裡所說的媚骨可不是衣著暴露、香肩乳溝小蠻腰、不時拋幾個媚眼的蕩婦。

Maggie就是我眼中那種有媚骨的女人。她言行正派，不隨便，也不在私下裡做小動作。她爲人溫和，待人友善。她工作努力，認眞負責，如果同事或者別的部門出了差錯，她還有本事去救火。下班以後，她還想辦法廣開財路賺外快，賣些小飾品布偶什麼的。朋友出事，她義不容辭來幫忙；若傷心找她陪伴，那一定能夠感到心安。哇！寫下這一串之後我更加覺得，她是那麼好的女子，她是女性的代言人。

通常情況是這樣的：一個品德和私生活美好到不像人類的女人，都一定是個保守的、無趣的、讓人提不起興致的人，而Maggie則不然。

她男友Ethan曾經在私下裡跟好朋友說，Maggie天生媚骨，是每個男人夢想的那種女人。他那些好友紛紛搖頭嘆息，覺得Ethan談戀愛談昏了頭。

有誰知道，跟Ethan在一起的時候，Maggie卸去了獨立堅強、溫柔有禮的一面，活脫脫變身成一隻小狐狸。她會撒嬌、會發嗲，還會放電，令人感到如夢似幻，欲斷難斷。

坦白說，Ethan起先追求Maggie，也不過看中了她的獨立、乖巧、賢淑，他把她當成一個很好的結婚對象。

可是當他眞正追她到手，當Maggie搖著他的手臂、睜著水汪汪的眼睛、嬌嗲嗲地叫他「親愛的」，當Maggie興致盎然地告訴他她買了非常sexy的新內衣，還在電影院小角落裡解開兩顆扣子給他看，當Maggie在瘋狂的情人節之夜咬著一朵他送的紅玫瑰在他身邊跳弗朗明哥……噢，老天！怎麼會有這種女人？她不水性楊花見異思遷，她甚至在別的男人面前顯得太正經太無趣，卻給她的男人專屬的活色生香。跟這種女人在一起，一輩子都不會厭煩。

相反有些女人，對所有男人都極盡挑逗之能事，所有人都覺得她嫵媚有風情。然而真正相處一段日子你才發現，她兩眼無神，常常抑鬱，牢騷不斷，她對你不用心不體貼也不能讓你開心。她也無能力，工作平平更無事業。

她唯一會的事情就是迅速釣男人上鉤，得到之後便興趣缺缺。看上這種女人的男人，實在有眼無珠！比起成天裝模作樣賣弄風騷的女人來，正經女人給你的私人嫵媚才是天賜的寶，那也才是真正聰明的女人。

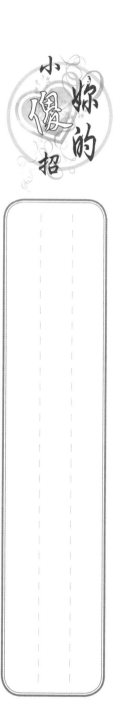

17.若喜歡 hello kitty，就別用馬奎斯釣男人

我喜歡深具內涵的女孩子，但有時我又覺得坦率的女孩子也甚爲可愛。不論妳是哪種女孩，都別把自己搞得像個半吊子。

雪雪和小夕是從小到大一起長大的好姐妹。剛認識她們的時候，我常常懷疑她們的友誼。雪雪相貌平凡，身形也不高䠷，有些蘿蔔腿，走起路來不算很好看。她的一頭秀髮倒是可圈可點，長至腰際，可惜她從不用心打理，不燙也不染，常常一個髮圈紮個馬尾了事。目前的雪雪是市立圖書館小小管理員一枚。小夕漂亮得有些過分，據說小時候還做過童星，在幾部電視劇裡表現不俗。長大以後憑藉天使臉蛋魔鬼身材當模特兒，正在拼命向演藝圈發展。

除了外形的差異，這兩個人的性格、學識也迥異。雪雪文靜內斂，若不與她講話，很可能會發現不了她的存在。但是一旦聊起天就知道，這個女子品味優良，她讀馬奎斯的小說，聽world music，看得懂西班牙文情詩……這種淵博和涵養深深埋藏在她平凡的外表下，所謂靜水流深，就是形容她這樣的女子。而小夕個性大大咧咧，講起話來夾雜著各種前衛流行語，不時冒幾個髒字，罵起人來超有氣勢，是個到哪裡都招搖過市的傢伙。

小夕最近感覺自己戀愛了。她拍寫眞時遭遇一位風流俊美的攝影師，從此一發不可收拾地著迷。她每天回來都要拉著雪雪傾訴很久：他是混血兒，眼睛藍得像大海；他手指修長，骨節突出，美不勝收。最令她著迷的是：他學識過人，彷彿全天下沒有他不懂的。

當攝影師談論起馬奎斯，小夕照搬雪雪的原話跟他侃侃而談。當攝影師說到Don Byron，小夕眨眨眼說自己沒聽過要回去聽聽看，然後回去找雪雪求救，再把雪雪的觀感告訴她的攝影師。甚至在交談過程中，小夕還會冒出兩句從雪雪那裡聽來的西班牙語，令攝影師驚奇喜悅。他們開始約會，攝影師以爲找到了知音人，這世上原來真的有美貌與智慧並存的女子。小夕也不愧是個好演員，在很長一段時間裡都沒有露餡。

我最喜歡馬奎斯了，
像hello kitty什麼的，
我聽都沒聽說過！

涵養這種東西最不會騙人，瞞得過一時也瞞不過一世。攝影師終於察覺出小夕的怪異之處：爲什麼那麼深具文化質素的美女卻經常弄錯文學常識，爲什麼對喜歡的音樂侃侃而談獨具見解的女人卻聽不出餐廳裡正在放的所謂「她喜歡」的音樂……更奇怪的是，小夕明明說過自己討厭hello kitty的幼稚粉嫩，卻每當看到hello kitty又不自覺表現出垂涎的樣子。

終於，攝影師與雪雪的宿命相遇。起初只當是個再普通不過的女孩，交談之下卻連連讚嘆雪雪內蘊深藏。我們愛上一個人，通常是因為能夠靈魂溝通。

攝影師和雪雪就是如此。幾番交往，攝影師猜出了一些事，跟小夕和平分手，與雪雪成就一對甜蜜情侶。

小夕抑鬱地跟我說：「早知如此，就不在他面前裝得好像自己懂很多。」

我笑言：「對嘛，妳若喜歡hello kitty，就不要裝作喜歡馬奎斯的樣子去勾引他。」

倘若真的不聰明，坦率也是一種魅力。聰明人裝傻很可愛，傻人裝聰明可就貽笑大方了。假裝，也要在能力範疇之內，不然就是一場小丑表演。

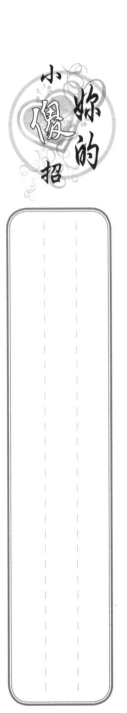

18.任性的戀愛是由甜到苦，清醒的戀愛是由苦到甜

女人一談戀愛，常常會變得特別任性，甚至不可理喻。

米微原是個性獨立、品格堅強的女孩。她常說她一定不要隨隨便便戀愛，在她看來談戀愛費時費力又不一定有好結果，她可是要做事業的，哪裡有大把時間精力來浪費。於是直至她事業小成，才從衆多追求者之中選擇了一位與她旗鼓相當的男人。

戀愛這回事，即便開頭有所不同，原因各異，一旦眞正如火如荼展開，那故事就都差不多了。每對情侶都是如膠似漆，做最無聊的事情都甜蜜非凡。

米微亦然，眞正投入戀愛裡，她就似徹底換了一人，全無以往女強人模樣，成了徹頭徹尾的小女人一枚——也愛撒嬌也愛耍個性，生氣就要鬧，傷心就要哭，煩悶就要傾訴，失望就要冷戰……男友原以爲選擇了一位事業型伴侶，誰想女強人戀愛起來，仍是個不懂事的小女孩。

我提醒米微：「妳要適可而止，妳要冷靜理智。」

米微立即反駁我：「我們相愛，我們在戀愛，我當然要讓情緒自然流淌，我對他任性理所當然啊。」

因爲是情侶，甚至因爲認定你是我命中註定永不離散的另一半，是我一體雙生的存在，所以我生氣，你必得陪我生氣；我難過，你必得陪我難過；我若受委屈，你又怎能獨善其身？我們同氣連

枝，我們同甘共苦。

所以我把所有的情緒放在你身上，又有什麼不對？我知道，這就是米微的想法。米微一點也不懂。戀愛是一項事業，不是一筆買賣。不似我買了你的愛情，你就必須服從我的意志跟情緒，就要任由你把你的悲傷、失望、憤怒、憂鬱、壓抑等等種種不堪承受的東西通通傾瀉於我。真的不是這樣。

這是一項亙古的事業，即便夥伴換人，事業卻永存。

若女人失去理智，放任自己的任性，便等於迷迷糊糊地把好夥伴趕走。

事實上，女人的任性影響了男人什麼？什麼都沒有嘛。男人受不了自然會扭頭走掉，而那苦果卻要女人自己承擔。

在這種任性的情緒裡，女人變了形，男人變了心，結果無非如此。只有清醒地談戀愛，女人才會快樂，男人才會永駐。

米微的男友提出冷靜期，米微才去深思我的話。

之後，當她再次出現在眾人眼前，她又變回了原來的米微，獨立、堅強、爽朗、明媚。

她跟男友相處，開始控制自己任性的情緒。她終於懂得裝個小任性小生氣是情趣，而任由情緒發作胡攪蠻纏就是痛苦。

小傻招
妳的

19.就讓他誤會一生

很多情況下，女人認為自己所經歷的不是愛情，而是寂寞。

阿玲有一個完美到令人嫉妒的男友，見過他的人無不說他好。他這麼好，可是阿玲總覺得不滿意，連阿玲自己都不知道為什麼。

他們倆週末出街，阿玲看上一件甜美的碎花連衣裙，問男友好不好看，男友說好看。她問哪裡好看，他想了半天，回說哪裡都好看。阿玲覺得沒意思了。

情人節，男友捧著一大束紅玫瑰來接阿玲。阿玲接過玫瑰，心裡想著：其實，我更喜歡香水百合。

兩人一起聊天，聊著聊著阿玲就開始想睡，說不清那種感覺——他沒說錯什麼，只是她常常覺得索然無味，沒有再聊下去的興致。

於是，阿玲覺得好寂寞好寂寞。嗚嗚，怎麼會如此寂寞呢？兩個人在一起的體溫，溫暖不了她的心。

「爲什麼會這樣？我該怎麼辦？」阿玲問我。

我一下子就理解了阿玲的痛苦——她看透了這個男人，可是這個男人不瞭解她，沒辦法與她「心有靈犀一點通」。他甚至根本不知道阿玲是什麼樣的人，他對她有誤會，而他愛上了那個誤會。

我提議：「要不然這樣，你們分開一段時間。不是分手，是冷卻一下這段關係。妳再仔細想一想，順便再看看，能不能遇到更合適的人。」哪有那麼容易？其實我覺得，這樣一場誤會如果能夠維繫一生，也沒什麼不好的，畢竟誰都不完美。阿玲聽從了我的建議，她開始接觸一些別的男人。結果她更失望。能理解她的男人或許太窮，或許太花心，理解她的男人又對她沒感覺。而其他那些同樣不理解她的，還不如男友能夠滿足她。轉了一圈回來，竟然還是這一個最好。雖然，他令人寂寞，卻也只不過是寂寞。

「現在妳怎麼想？」我問阿玲。「他已經很好啦，我努力努力，起碼讓他瞭解我的習慣和喜好，這次我會放下以前的不耐煩和不安定，我會耐心並且堅定信心。」

是的，既然找不到更好的人，那麼這一個有什麼不好？他用真心愛妳，雖然他誤解了妳，他愛上了那個幻想中的妳，他沒辦法瞭解妳……可是他真心啊，其他條件都滿足啊，妳還想要怎樣？只要妳能夠瞭解他、看透他，那麼不妨裝個傻，就讓他誤會一生好了。

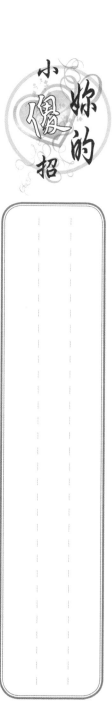

20.心太野就不要談戀愛

有些女人天生心野，這樣的女人最好不要談戀愛。

小艾的戀愛經驗豐富無比，從國中開始到現在，她的戀愛次數用十根手指都數不出來。她現在的男朋友剛剛交往滿三個月，她心裡又開始不安分，莫名其妙的不安分。連她自己也不知道自己想幹什麼。

然後她在網路上認識了子俊。一開始他們是隨便閒聊的網友，後來越聊越投機，簡直無話不談。小艾把心事通通訴與子俊，毫無保留。子俊對她說：妳有一顆不安定的心，妳天生是不平凡的女人，只有刺激的生活才能帶給妳樂趣。

小艾頓時以爲找到了知音，頻頻點頭。她覺得子俊比男友更懂她。

子俊接著說，自己正打算到尼泊爾徒步旅行，問小艾有沒有興趣跟他一起去。小艾幾乎沒有猶豫就答應了他。

那一段時間小艾「失蹤」了，她男友、家人、朋友都找不到她。如果不是小艾留有字條，他們一定報警了。

兩個月以後，小艾拒絕了子俊的表白，快樂地回來。她不能接受子俊的情意，她只是喜歡這種浪漫刺激的生活。

面對家人的怒氣，小艾乖乖聽罵；面對男友的質問，小艾卻毫無愧疚，裝成不懂事的小女孩。男友無力嘆息，他愛上她的時候，就是愛上她這種涉世未深的小女孩模樣。可是她不懂事到這個地步，怎能過一生？

結局自然以分手告終。

小艾不明所以來問我：「爲什麼我每次戀愛都失敗？我沒有對不起他們，又不是眞的什麼都不懂，裝裝樣子逃避責問嘛，每個女人都會這樣做啊。爲什麼他們都離開我？」

「因爲妳心太野。因爲妳做得過分了。」我回答。

女人有很多小缺點：愛慕虛榮、斤斤計較、貪錢守財、頭腦不聰明等等，這其實在一定範圍內都無傷大雅，有時女人可愛也可愛在這裡。但是女人不能心太野，總是坐不住站不定，漫無目的地向外尋找，而尋找什麼她自己也不知道。

這種女人永不知足，你給了你最好的：你的錢、你的愛、你的關懷、你的一切，她通通看不見，講不聽。她不安於室，只想離開你，再離開下一個，離開她擁有的。

她要的不是擁有，只有經歷。妳若不是真心要「留下」，又怎能奢望一個男人安心「等待」？做了那麼過分的事情，就不是裝個傻、發個嗲可以抹平的了。

心太野的女人，就不要談戀愛去啦。

除非，妳能把心圈起來。

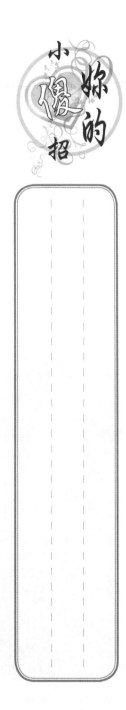

21.別以為我很愛你，這種話最好不要說

分手以後，女人喜歡恨恨對男人說：別以爲我很愛你。

可莉跟男友分手時就甩出了那麼一句話。男友不置可否，安然離去，從此各奔天涯各安天命。誰也不是誰的誰，連最普通的聯繫都斬斷。

可莉眞的沒有很愛嗎？才不是。很多蛛絲馬跡都能尋到她仍然愛他的事實。

大家一起唱歌時，她總點最悲傷的情歌，唱著唱著，淚流滿面。每一首歌裡都有她和他的故事，每一首歌裡都有她愛他的心情和她被遺棄的苦痛。

大家去吃飯，她點以前那個他喜歡吃的東西，自己默默吃，偶爾跟朋友搭兩句話也是心不在焉。姐妹淘逛街，指一件衣服說可莉穿起來會很好看，可莉卻搖搖頭說這不是他愛的風格。

漸漸的大家不喜歡帶著可莉一起玩。可莉總是掃興。沒錯，大家都討厭怨婦。

眞的沒那麼愛嗎？騙人。妳對他說，別以爲我很愛你，其實只是因爲妳不服氣。

妳到最後才發現眞相：他沒有妳想像中愛妳，妳卻比妳想像中愛他。唉！怎可這樣？！怎能接受？！我豪情萬丈、肝膽相照地愛你一場，怎落得如此淒涼？嗚嗚，難過死了。不能認輸啊，既然你不是那麼愛我，憑什麼我要那麼愛你？！

所以妳對他說不愛，對所有人說不愛。妳以爲這樣即便妳沒贏，至少妳也沒輸。眞傻啦！爲什麼要說反話，爲什麼要掩飾？

可怡是可莉的妹妹。兩姐妹命運相似，可莉失戀沒多久，可怡也失戀。

可是兩姐妹性子卻完全相反。可怡分手的時候，哭得那麼傷心，反覆表達愛意。

後來跟朋友出去玩，吃吃喝喝要多瘋有多

瘋。一旦被問及傷心事，就難過到不行，說自己仍然愛得那麼深，但是相信時間會治好一切。朋友紛紛心疼道：「妳怎麼那麼傻？」她的眞摯又贏得朋友的好感。而做爲前男友的那一位，雖然放棄了她，可是他放棄得多麼難受——他放下的是一份深刻純眞的愛，他怎能不爲這種放棄而悲傷？比起倔強不服輸的恨，顯然一份傻傻的愛更讓人感動。後來，可怡的那位前男友對可怡盡心盡力，可怡的事他都放在心上，努力幫忙。而可莉跟前男友卻是眞正恩斷義絕。

妳的傻小招

22.男人其實只會錦上添花，不樂意雪中送炭的

當妳什麼都沒有的時候，死心塌地愛上一個人，緊緊攀附著他，妳卻覺得他離妳越來越遠，妳越來越悲傷。但是當妳什麼都不缺，妳沒辦法眼裡心裡只有他的時候，他反而想方設法取悅妳。

Monica那時候正在念大學，她在校外打工的咖啡館裡認識了事業有成的Sam。這像是一個小說

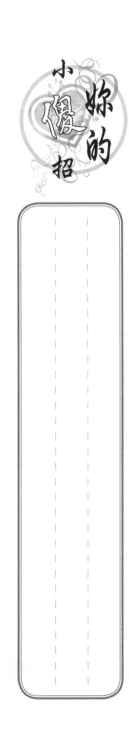

的開頭。Sam多金又多情，他待Monica很好。沒多久，Sam和Monica同居了。

四年後，兩人的感情從熱戀趨於平靜，他們看起來不像情侶了，像夫妻。在結婚這個問題上，Sam從沒含糊過，他跟別人介紹Monica的時候，常常說「我太太」，Monica也幾乎把自己看成了Sam的妻子。她跟同事說起Sam，也總是叫「老公」。眞的，他們就差一道手續，一個婚禮。

忽然有一天，Sam和Monica發生爭吵，最後Sam對Monica大叫「滾！」。Monica收拾好行李出了Sam家的門。冷風吹得Monica直打哆嗦，站在街頭，她哭得淒慘。天地那麼大，她竟無處可去。她記得大學的時候，Sam也叫她「滾」過，那時候她可以當自己是個孩子，躲回自己的宿舍等Sam來道歉，現在呢？

Monica在冷風中坐了一夜，第二天Sam出來把她找了回去。她低頭默默跟他走回去的時候，內心充滿了屈辱。她發誓，從此以後Sam再也沒有機會讓她「滾」。接著Monica拿出自己所有的積蓄，向親朋好友借了些錢，在離她工作不遠的地方買了一棟房子。頭期付掉以後，Monica覺得自尊被找回了一點點。Sam問她要不要他幫她把剩餘的錢結掉，Monica拒絕了。

Monica省吃儉用，拼命工作，拼命賺外快，好多朋友說Monica有那麼好的男朋友，還要自己出來打拼那麼辛苦。Monica點點頭：「對啊，我就是那麼傻。」便不再說什麼。用了整整六年的時間，她還完了房貸，並且把自己的房子裝修得美輪美奐。

住進了自己的房子以後，Monica就變了。她不再對Sam千依百順，隨傳隨到。Sam喝醉了頭痛難受，她不會趕過去照顧他，反而窩在家裡看電影，只在第二天早上發簡訊問候一下Sam。她有更多的工作要做，這些年，爲了賺錢，她做了很多事，同時也學到了很多東西，現在她升職加薪了，做更多事，而且是更重要的事。她好滿足。

Sam開始黏人了。他喜歡賴在Monica家裡不走，喜歡纏著Monica陪他，他甚至會在Monica熬夜工作的時候爲她泡一杯咖啡。有時候，不是不愛，但是獨立又是必須的。獨立是爲了讓愛更美好。男人靠不住的，不是他不好，他不愛妳，只是很多時候，他沒有辦法讓妳事事滿意順心，他畢竟不會讀心術。他損妳自尊，他讓妳受辱，或者只因爲他什麼都不做妳便不快，這些他不一定知道。怎麼辦呢，忍耐一生嗎？當然不。可是無論妳怎麼做，都要有底氣。

男人之於女人，其實只是錦上添花，絕不可能雪中送炭。妳什麼都沒有，只有妳自己，妳把自己交給他，他未必捧妳在手心裡。等到妳什麼都不缺了，有他無他都ＯＫ，他反而要絞盡腦汁來取悅妳。

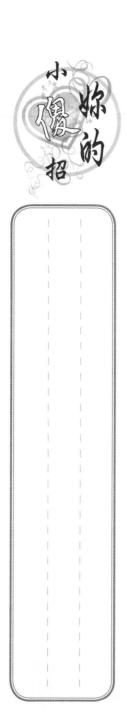

第二章

以站立的姿勢「傻傻」依偎婚姻這棵樹

1.潛力股就是個笑話

很多女人說嫁不到績優股，起碼也要嫁一支潛力股。這就是個笑話！哪個女人有一雙慧眼可以看穿命運？嫁潛力股就好像拿自己的後半輩子做賭注，賭的還是捉摸不著的運氣。

問眉眉當初為什麼要嫁西彥，眉眉就說當初看好他有前途啊，覺得是一支不錯的潛力股，將來一定會有好日子過。

於是眉眉在結婚之後，吃苦耐勞不抱怨，耐心等著「好日子」。結果日子幾年如一日，當初是什麼樣子，現在依然是什麼樣子。眉眉心灰意冷，開始跟朋友傾訴自己如何沒眼光。

有一次她問茜茜：「為什麼妳的眼光那麼好呢？妳怎麼看出輝耀會發達啊？」

茜茜理所當然：「因為輝耀從來就不是潛力股啊。」

眉眉瞪著她那漂亮的大眼睛驚呼：「怎麼可能？！當初輝耀和西彥條件差不多啊。」

茜茜感到奇怪了：「怎麼會差不多？！輝耀那時候的職業規劃很詳細，在一步一步按部就班地走。而且，雖然那時候他也是業務員，但是公司內部消息說已經敲定他要升主管的。另外妳不知道吧？輝耀那時候已經在外面跟朋友合夥做生意，當時賺的雖然不多，可是前景看起來很不錯。他現在的一切都是因為當初有基礎，然後一點點擴大做出來的。」

眉眉垮著臉念叨：「原來如此。」

即便這個社會再怎樣提倡女性崛起，至今卻仍然不能否認一種觀點：婚姻是女人的第二次投胎，而且這一次，女人可以自主選擇。

與其說女人嫁的是一個男人，不如說，女人嫁的是後半生的命運。績優股男人，人人搶著要，競爭太大，多數女人優勢不明顯。

於是有人說，要搜尋潛力股男人。這種男人隱藏著良好的品質，有擔當有責任心，正平凡著但不甘於平庸，具有強大的爆發力，只要有機會，一遇風雲便化龍。

可是機會在哪裡，妳要等多久？如果一個男人的現在不令妳滿意，妳怎麼能判定他的將來一定會

讓妳心花怒放、得享富貴？女人別傻了。不管是績優股男人也好，潛力股男人也好，在談感情的同時，他目前的狀態一定能夠讓妳發自內心地覺得：就這樣過一輩子也不錯。如果感覺很委屈，如果只為了他的將來而嫁他，那麼將來只會更委屈。

在考慮嫁人這件事上，一定不能裝傻，好像妳不在意、不難過、不委屈，還傻傻地跑去騙他：我愛你的現在，我是個幸福的新娘。最終，害人害己。

妳的小傻招

2.靠男人生活是另一種命運

女人靠自己，有錢有事業又活得有品味，是一種命運。沒辦法靠自己，只能靠男人才有美好的生活，是另一種命運。

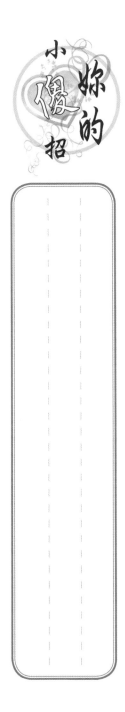

小Q畢業即嫁人，之後在家裡做全職主婦。她家裡請了菲傭，家務不用她多操心。先生和她都對現在的兩人世界樂此不疲，沒打算進行造人事業。小Q的主要活動就是打扮漂漂亮亮的，看電影，逛街，跟姐妹淘聚會，跟婆婆幫們打牌。

後來她突然對考古感興趣，又跑去上學。小Q順理成章成爲全校最漂亮最拉風的學生，每天開著她的粉色MINI Cooper上下學；偶爾不開車，就有俊帥老公接送，羨煞所有女孩。

當然也有人看她不起。

「有什麼了不起？運氣好嫁了個好老公而已。」

「靠男人算什麼？靠自己才是眞的可靠。」

「女人要自己有事業，自己賺錢自己花，自己給自己安全感。像她這樣太傻了，萬一有一天被老公拋棄，自己都養不起自己哦。」

……

後來小Q的先生有一次投資失敗，導致公司周轉不靈。小Q辭退了菲傭，開始自己做家務。出門再也開不起車，小Q就坐公車、地下鐵。好在那時候他們依然沒有小孩。兩人同甘共苦從頭打拼，漸漸公司狀況重新好起來。

那以後，很多朋友對小Q改觀。同學聚會的時候，人家問小Q：怎麼會對一個男人如此死心塌地，爲他犧牲事業，犧牲自己？

小Q當時笑而不語，後來對好友說：「如果我自己做事業，所得待遇只會比這更差。妳是知道我的，不擅長交際，做事馬虎容易出錯，腦袋不靈光，反應又遲鈍。而且我沒有事業心，最多找份工作勉強糊口，渾渾噩噩度日，還不如靠男人。」

女人能夠自己做起事業，甚至做得風生水起，艱難困苦可以一力承擔，險阻困厄也可獨自咽下，走到哪裡都自有一股獨立強大的氣勢——這是一種很好的命運，獨自支起自己的天空，男人不再是必需品。

那時，當女人選擇嫁給一個男人，也不過因爲跟這個男人在一起她很開心。不開心的時候亦可以拔腳離開，來去自如。

可是有些女人，只能靠男人。很多人許是嫉妒，許是看不慣，紛紛罵她們傻，就像小Q。

可是她們眞正聰明地擁有自知之明。她們知道自己做不起事業，只能靠男人才能活得更好，婚姻就是她們一生最要緊的事業，那還怕什麼犧牲事業服侍男人？就做他們背後的傻女人好了。

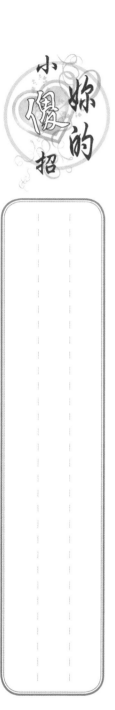

3.結婚後幽默感比愛更重要

戀愛是兩個人一起找刺激，婚姻是兩個人一起過生活。夫妻雙方常常會有摩擦，幽默感就是潤滑油，使兩人的摩擦不會產生刺耳的聲音。

安慧脾氣不太好，火氣一上來怎樣都壓不住。可是她跟先生在一起那麼多年，兩人只有小拌嘴卻無大爭吵。據安慧自己說，這很大程度上要歸功於先生的幽默大度。

記得有一次，不知先生做了什麼天怒人怨的事情惹安慧生氣，安慧碎碎唸不停，先生突然笑咪咪遞過來一口茶：「停一停喝口茶啦。」安慧瞪他：「你想討好我，讓我不要再說了，是不是？」先生誇張地大呼冤枉道：「哪有！妳先喝口茶再繼續說嘛。瞧妳嘴巴都說到乾了。」安慧噗地一笑，什麼埋怨都瞬間煙消雲散了。

安慧有時候跟我感慨——原來婚姻也可以是一件很好玩的事！

我點頭：有幽默感的婚姻當然好玩！結婚前，愛最重要；結婚後，幽默感最重要。接著我對安慧說，「妳也要培養幽默感啊，總不能一直是妳先生逗妳笑吧。」安慧想了想，說要回去試一試。過兩天，我八卦地跑去問她：「妳的幽默是怎麼樣的？」她大笑對我說，原來裝傻也是一種幽默啊。

那段日子，世界盃足球賽正如火如茶。安慧的先生是一個標準的球迷，安慧對足球興趣缺缺，

笑話講不好會冷場，
玩笑鬧不好還會得罪人

很不以爲然，一到世界盃就把電視讓給先生，自己跑去玩電腦。這一次她跑過來跟先生一起看，然後不停問：

「裁判那個動作是什麼意思？」

「他爲什麼要往回跑？」

「哎呀這樣不犯規嗎？」

……

先生不耐煩又耐心解說的樣子逗樂了安慧，後來安慧不管懂不懂，都要纏著先生問這問那，問得先生哭笑不得，但是安慧知道，先生心裡很開心，她的「傻」取悅了他。

我聽了大笑，安慧是個聰明女人！

什麼是幽默感？很多人認爲會開玩笑、會講笑話就是幽默感。當然不對！笑話講不好會冷場，玩笑開不好還會得罪人。妳做一件事，說一句話，或者妳的一個表情，一個動作，使得對方內心有甜甜的開心的感覺，就是幽默感。

幽默感本身就是一種情趣。有時候稱讚對方是幽默，有時候做一些讓對方震驚的事情也是幽默，有時候擠眉弄眼的一個怪表情也足以表現幽默，有時候裝傻亦是一種幽默。

幽默是一種創意的活動。如果丈夫不夠幽默，那麼做爲妻子的女人何不動動自己的腦筋，多一些創意，多一點幽默呢？

如果在一段婚姻裡，妳常常讓對方笑，讓對方感覺到溫馨、貼心、暖心、感動，這段婚姻怎能不幸福到地久天長？

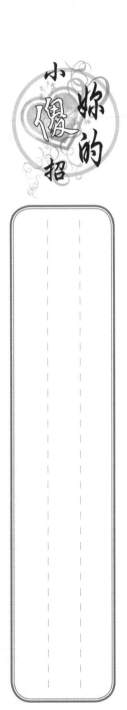

4.所有的愛情都是一見鍾情，所有的婚姻都是日久生情

縱觀世界上偉大的愛情：灰姑娘與王子，羅密歐與茱麗葉，梁山伯與祝英台……於是我們得出結論：所有偉大的眞正的愛情，都是從一見鍾情發生。

只是在人群中望了一眼，就再也難忘。透過這一眼就明白，那是你生生世世追尋的人。於是不管兩個人發生了什麼，或者什麼都沒發生，可是在你內心已經天崩地裂、轟轟烈烈，生生死死隨人願，酸酸楚楚無人怨。眞美啊！可是當一粒鍾情的種子遭遇婚姻的果實，還能這般美好到讓人落淚嗎？

芳子跟先生是透過一個交友網站認識的，沒聊過幾次天就決定見面。這次見面非但沒有「見光死」，反而令雙方一見鍾情。他們覺得對方就是自己想要的那個人，理所當然地就戀愛了。戀愛一週後，他們同居了；同居一個月後，他們結婚了。這就是大家俗稱的「閃電結婚」。

婚後第一個月，果眞是「蜜月」期。他們如膠似漆、難捨難分，恨不得上洗手間都要一起。第二個月開始，一切都不一樣了。芳子原本以爲先生是一座長著豐美水草的湖，景色宜人，她願意在他那座湖裡住一輩子。但是現在她發現，揭開了湖面的水草，裡面的亂流和嶙峋怪石是她從沒看到，也從沒想到的。

芳子沒問過先生的過去。於是結婚第二個月，先生的「過去」浮出水面，那個女人聲淚俱下跟

先生說自己多麼後悔，要重歸於好。先生拒絕過但又心軟，常常背著芳子接「過去」的電話，百般溫柔撫慰。

煩惱不只這一件，先生很多生活習慣不好：不愛乾淨，不喜歡打掃房間，東西亂丟。他還不太尊重芳子的父母。另外先生工作不認眞用心，得過且過，從不想升職加薪的事情。他又超重視物質生活，花錢如流水，自己的薪水撐不到半個月……總之，芳子很苦惱，快要發瘋。她覺得繼閃電結婚之後，她恐怕要閃電離婚了。

有的時候，愛情可以是一個人的事情，尤其對女人來說，它可以毫無預警地撞擊在女人心底最柔軟的地方，然後女人兀自甜蜜溫暖，如泣如訴，百轉千迴。但是婚姻一定是兩個人的事情，一定要男女雙方的齒輪完整咬合，才能正常運轉。妳一眼可以確定那是不是妳愛的人，但是妳不能透過一眼來確定他是不是妳要嫁的人。

婚姻能夠長久，必定是日久生情。妳要充分瞭解那個男人：他的家庭、父母、工作、品性、興趣愛好、生活態度等等。有些問題妳要來回想過三遍：妳能夠忍受他的缺點嗎？他能滿足妳的心理和精神需要嗎？你們的生活方式接近嗎？……只有答案全部是YES，妳才可以做決定。

一見鍾情之後，如果妳想嫁給這個男人，務必不要矜持，不要不好意思，要把以上問題通通問清楚。這時候千萬別裝傻，也不要顧慮男人的想法。如果他誤解妳，妳可以直接走開，去下個轉角，等待下一個男人。

5.他是花心還是找刺激

第三者出現，女人首先要做的不是哭天嚎地痛斥男人變心，而是搞清楚，男人是天生花心，還是找個刺激而已。

自從發現一個女人，米雅的生活變得一團糟。她不知所措，誠惶誠恐，既想天翻地覆地哭鬧，又期待丈夫回心轉意，她就可以當作這件事不曾發生，那個女人不曾存在。

米雅六神無主，問我她該怎麼辦。

「這是第幾次？」我先問。

米雅愣住了，可見她從未想過這個問題。

「如果這是第一次，我想他心裡也不好受，畢竟你們結婚五年了。妳跟他好好談一談，說清楚，也許就沒事了。如果這種事發生過好多次……那就算了吧親愛的。」

米雅請人調查了一下自己的丈夫，這麼多年來，丈夫只有出軌這一次。米雅把那女孩的照片傳送給我看，問我：「妳看她是不是更漂亮、更可愛、更懂他、更貼心？」

「不，一點也不。但是她一定更新鮮、更刺激、更有意思。」米雅跟丈夫結婚五年，五年以來平靜無波的婚姻，成了米雅的習慣，也成了丈夫的習慣。突然有一天，米雅仍然習慣著，可是丈夫不習慣了，他心癢了。於是他有了外遇，他找到一個第三者，第三者可以止癢。婚姻是打了麻醉劑的身體，他只看見第三者止了心癢，卻沒看見第三者猶如一把刀刺得全身流血不止。

我告訴米雅，妳一面要做個敏捷的員警，趕走第三者那把兇器；一面要做個細心的醫生，把妳丈夫身上的傷口一一治癒，無

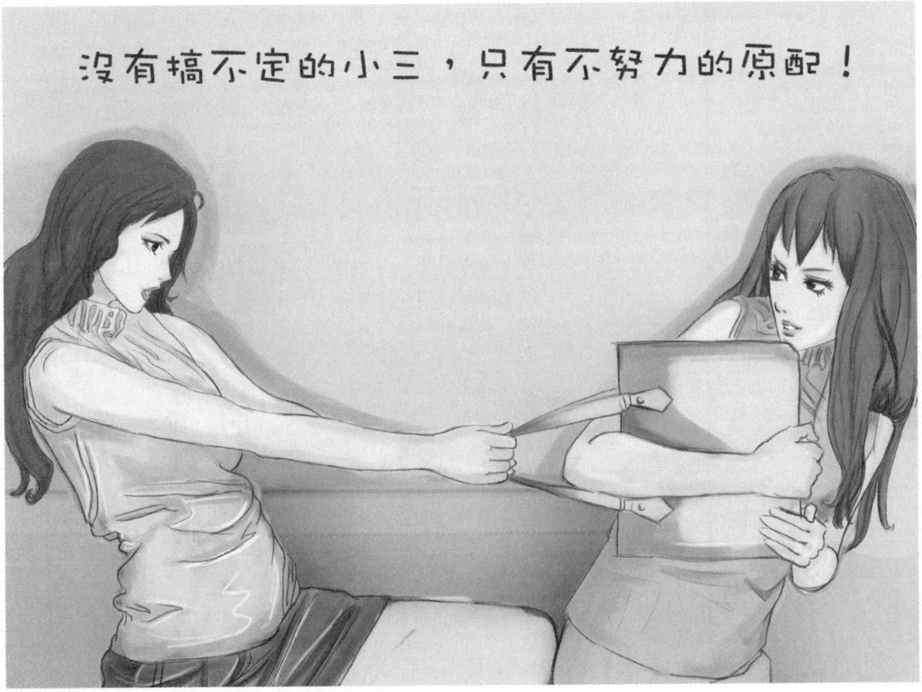

痛不留疤。米雅是個聰明的女人，幾乎一點就通。她在家裡什麼都不說，裝作什麼都不知道，只是讓自己變得更甜蜜、更漂亮、更富有情趣，也變得更體貼、更溫柔。她數次在丈夫的眼睛裡看見掙扎和羞愧——是的，只有妳激起男人的愛與責任，才能繼而讓他們認錯。

接著，她找機會接近了那個女人。客觀地說，那是個單純可愛的女孩子，她不欲破壞什麼或者得到愛情之外的什麼，她只不過是愛錯了人。於是米雅跟她攤牌，告訴她自己的身分，然後溫柔勸說，最後奉上一句：「妳不是第一個，也不會是最後一個。我只是看妳單純，才忍不住勸妳。若妳要一意孤行，我也無所謂，反正我丈夫不會跟我離婚。」女孩自動消失了。丈夫受了傷回來，覺得妻子米雅才是最好的。如果男人不是花心，不是不停劈腿、外遇、找第三者，只不過因爲對妻子「審美疲勞」，一時尋個刺激，女人千萬不要大吵大鬧雪上加霜。其實很多時候，妳「不知道」比妳「知道」更具有優勢。妳在讓男人「以為妳不知道」的情況下解決問題，才有可能繼續維繫一個沒有傷痕也不留疤的婚姻。

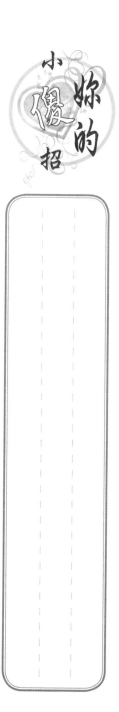

6.妳過強或過弱，他都可能去外遇

妳一個人生活，無論堅強軟弱，都是妳一個人的事情。妳若嫁了一個男人，強弱就要自己好好把握了。

秦老師是有名的婚戀專家。她離婚之後，跑去修心理學，拿到學位便開了一間婚戀心理諮詢工作室。她說，她希望更多人能好好處理自己的婚姻，即便受到傷害，也可以儘快從悲傷中走出來，開始新的生活。

秦老師的那段婚史不是祕密。她結婚前已經移民到加拿大，父母也住在那邊。丈夫拋不開台北的事業，不願意跟她一起移民，婚後她便隨著丈夫在台北定居。加拿大那邊有她的朋友和部分事業，所以她常常兩地跑。即便工作、生活很忙，她自認絕對盡到了一個好妻子、好母親的責任。

有一天，她從加拿大回來，沒有提前通知丈夫，還買了花，想給丈夫一個驚喜，那是她們結婚十五週年紀念日。她到家以後找了一只漂亮的花瓶，開始用心插花。正在這時，她聽到臥房裡丈夫的手機響——那個糊塗蟲忘記帶手機了。她取來看是一條簡訊，上面的女性名字很陌生，她在大腦裡搜索半天，也沒想起丈夫有那麼一位朋友。

好奇心驅使下，她打開了那一條簡訊。於是，她的生活天翻地覆。那是很露骨、很赤裸裸的情話。查閱了丈夫的所有簡訊，她基本上也就明白了始末。

更可恨的是，對於丈夫的外遇，她的公公、婆婆、小姑，所有親戚朋友都知道，所有人都只瞞著她一個人。後來有朋友告訴她，丈夫還帶著外遇對象去給婆婆祝壽，那個外遇對象還給她兒子買過禮物。

事情鬧到不可收拾，只好離婚了。離婚以後，秦老師不停在思考：爲什麼？她沒半點對不起他，她做足了女人的本分，爲什麼她會遭遇這種事？最後她得出一個結論，她太強勢了。無論是工作，還是持家。他的丈夫本就不是個大男人，做事優柔寡斷，當然在婚前她認爲那是溫柔。這樣一個男人在她這樣的女人面前，大概有些抬不起頭。於是，外遇對象的清新可人不是正合心意？

秦老師有一次開講座時分析說：女人結婚後，強弱一定要自己把握好。太強就要學會裝傻，要學會指導丈夫解決問題，而不是自己一馬當先披荊斬棘；太弱就做足小女人的樣子，同時努力學著處理問題。這世上有很多男人在遇到問題時，並不想著解決問題，而是逃避。外遇是逃避問題的最好手段，兼有麻醉劑和止痛劑的作用。

7. 妳怎麼可以比婆婆更聰明？！

女人永遠要記住，同性相斥。妳再好，跟婆婆也永遠做不成母女。

Leona人如其名，像獅子那樣自信、矯捷、聰明、敏銳。商場上她幾乎是個神話，有一段時間，他們對手公司一聽到要跟Leona做的策劃案兩軍對壘決勝負，立即棄甲投降。嫁人以後，雖說她放在事業上的心思少很多，卻也仍是個難纏的對手。

一般情況下，這種事業型女性的婚姻，總會遇到一個無可避免的瓶頸——婚姻與事業的平衡。Leona倒是無此困惑，她的丈夫是個與她旗鼓相當甚至更勝一籌的人物。他們兩個人的故事，棋逢對手、惺惺相惜是起點，互相傾慕、百年好合自然成爲重點。無論是從工作事業上，還是生活理念上，他們都出奇地合拍。

既然丈夫不成問題，那麼讓她不順意的大概只有婆婆了。

那日Leona一見到我，就開始狂轟濫炸我的腦神經，劈裡啪啦不停訴苦，直說得我頭暈腦脹。總結出來，大概就是：她面面俱到爭取做個好媳婦，婆婆仍然處處不滿意。

我問Leona：「妳都做了什麼？」Leona說逢年過節她先行把親戚朋友的禮物打點好送去；家裡有什麼重大活動，她一肩挑起，準備得井井有條；出門逛街，偶爾會幫婆婆買衣服——說到這裡她插話誇獎自己一番，說婆婆穿上自己買的衣服顯得年輕十歲，過往婆婆穿衣品味太差。

生命誠可貴，愛情價更高，留得青山在，不愁沒柴燒！

大小瑣事說了一堆，我聽明白了：Leona是個太過能幹的媳婦。

我打斷了Leona的訴說：「stop！stop！stop！Leona，我承認妳是個好媳婦。可是妳做錯了。

妳怎麼可以顯得比妳的婆婆還要聰明能幹呢？」

本身同爲女性，之間便會存在競爭關係。婆婆和媳婦，本無血緣關係，完全是「陌生人」，因爲一個男人而有了聯繫。

這種聯繫其實很脆弱。一段婚姻裡，婆婆失

去了兒子的依賴，媳婦需要對丈夫獨佔，這時倘若男人不會處理兩個女人之間的關係，那麼很容易讓兩個女人之間變得緊張。

人處於爭奪戰裡，自然就八仙過海各顯神通。然而在Leona跟婆婆的這一場戰爭裡，Leona根本不給婆婆施展的機會。

她來到這個家裡，她成了主角，婆婆英雄無用武之地，當然不會喜歡她。

在婚姻裡，妳若自認做得足夠好，卻仍不得婆婆歡心，那麼就想想，妳是不是好得太過了。

妳永遠無法成爲婆婆的女兒，但是不妨用女兒裝傻撒嬌的手段對付婆婆，請教這個、求教那個，甚至必要時「傻傻地」把功勞推給婆婆，這不是皆大歡喜嗎？

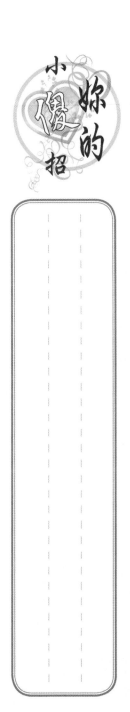

8.愛老公，也要愛老公的錢

女人喜歡管住男人的錢包，這是出於安全感的天性。

小米在結婚以後，牢牢掌控住家裡的財政大權，甚至老公的每一筆支出她都要清楚明白。丈夫不是浪漫的人，他對小米的愛和包容從不表現在言語上，而是在行動上，因此對於小米近乎苛刻的理財方式，也並不放在心上。

某週末，老公加班。小米一個人在家，百無聊賴地跑到書房抽本書來看。翻著翻著，突然從書裡掉出一本存摺，她細細翻看，發現每月定期都有一筆錢存入。毫無疑問，這是老公的私房錢！小米神色複雜地盯著這本存摺，覺得這張薄薄的紙異常沉重，甚至若有似無地發出尖銳的嘲笑，在對她冷嘲熱諷，與她兩軍對壘。

小米開始胡思亂想：這些錢雖然數額不大，可是老公爲什麼要存私房錢？他對自己可有不滿？他要用這些錢做什麼？小米重視的不是錢，而是老公這種行爲的寓意。她由此產生各種擔心，最盤桓不去的擔心就是：他是否在外有了紅粉知己？然後她開始憤怒，她已接受老公的木訥，不再要求他記住每一個紀念日，不強求他買花買禮物製造浪漫，他怎麼可以這樣？！

正在這時，家裡的電話響起來。小米被嚇了一跳，她趕忙把存摺放回書裡，物歸原處，然後跑去接電話。是老公打來的，他跟小米報備說晚上要出去應酬，不回家吃飯。小米木然地答應著，內心五味雜陳。

接下來的一段日子，小米內心煎熬卻不動聲色。確切地說，是她不知道該如何開口問丈夫。書房裡的那本書更是成爲小米的禁忌，再不碰觸。直到有一天，小米跟老公回家看望母親。剛進門，就聽見媽媽笑著說：「家裡的沙發舊是舊，但是還能用呀，你又亂花錢。」小米愕然，老公一邊對小米眨眼睛一邊說：「這怎麼能算亂花呢？早就該給您換一套沙發了。」

小米明白過來，心裡分外甜蜜。她從此認識到：男人存私房錢不見得是壞事，數額又不大，最後又全部都用來爲她和她的家人付出，爲什麼要在意呢？她佯裝生氣噘嘴道：「你是不是又向朋友借錢啦？跟你講哦，這不算家庭財政支出，自己想辦法還啊。」老公一副可憐兮兮的樣子來哄她，逗她笑不停。

小米跟我說起這件事的時候，特別慶幸當時沒有傻頭傻腦地去跟老公問個清楚明白。那樣不僅白費了老公一番苦心，還平白給生活製造傷痕。我連連點頭說：「難得糊塗嘛！妳若愛他，就要愛他的錢——他賺的錢和他的私房錢。愛不同的錢有不同的方式。」說完，我們倆一起哈哈大笑。

結婚後，男人愛妳的表現就是把他所有的錢交給妳，包括他在地上撿到的錢。但是，他可以不花錢，卻不能沒錢「應急」。有時候男人存私房錢，其實存的不是錢，而是心理上的一個安全感。在充分表達愛妳之後，他還有「餘力」為妳付出。那女人還要在意什麼呢？就當作不知道好了。噓，這是我們「心知肚明的祕密」。

妳的傻小招

9.做一個被全家體諒的購物狂

女人天生是購物狂，只不過有些女人更明顯一點。

蕭蕭在結婚前，就已經讓丈夫充分明白，shopping是她的樂趣，不可割捨。丈夫亦認爲，他愛蕭蕭就愛她的全部，喜歡shopping也不是那麼難以接受的事，而且蕭蕭不是那種沒有分寸的女孩子。然而結婚後，他崩潰地發現，這個他和他家人都不在意的「興趣愛好」，卻險些引發一場家庭戰爭。

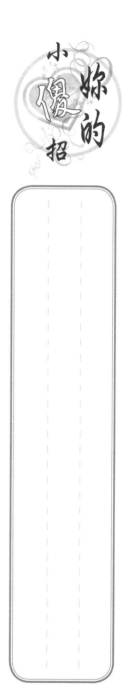

蕭蕭的婆婆是典型的傳統婦女，奉守勤儉節約的美德。當她看到蕭蕭天天換不同款式的衣服，滿屋子不合時宜也不太用得上的潮流單品，這邊未用完那邊又新增的化妝品……她終於忍不住爆發了。一開始是唸叨數落，蕭蕭默默忍耐，左耳進右耳出，一轉身再去shopping緩解情緒。

婆婆見蕭蕭講不聽，終於破口大罵蕭蕭敗家。蕭蕭忍無可忍回嘴，一場大戰就此拉開帷幕，殃及池魚無數，蕭蕭可憐的老公便深受其害。接著蕭蕭的媽媽看不過去，加入混戰。三個女人一起八卦等於五百隻鴨子在叫，那麼三個女人一起吵架保守估計也有五百隻鴨子匯聚了。這場戰爭最終以兩敗俱傷終結。

蕭蕭服軟答應婆婆盡量減少購物，婆婆不甘不願地說盡量包容蕭蕭。

「有沒有兩全其美的辦法？」蕭蕭苦惱地問我。

其實，我並不贊成蕭蕭那種shopping生活，彷彿一日不花錢

便渾身不舒服。但我仍然幫蕭蕭想主意：「妳看這樣好不好？妳想shopping的時候，就順便買一樣東西送給一位家人。其實妳自己賺的錢已足夠花，愛shopping本也沒什麼大錯。但是想想妳婆婆可從未經歷過這種『奢侈』的生活，看不順眼很正常啦。」

蕭蕭笑了：「對對。婆婆也是女人，女人跟女人在一起，哪裡有不嫉妒的？既然我不願意跟她一起過苦日子，那就帶著她過好日子好了。」我的朋友眞是聰明，總是一點就通。

往後的日子，蕭蕭稍稍收斂，卻仍是個不折不扣的購物狂，但是婆婆卻不再對蕭蕭大發雷霆，只因每次蕭蕭滿載而歸時，總有她至少一份禮物，而且後來蕭蕭買的東西越來越合她心意。婆婆處於過去的習慣，總勸蕭蕭以後要改，不能這樣花錢如流水，蕭蕭就裝傻說：「好啊好啊。可是媽媽我看見一件超美的衣服好適合妳，妳眞的不讓我買呀？不買回來給妳我會好難過啦。」婆婆也拿她無可奈何。

做購物狂不要緊，要緊的是讓全家都能夠開心地包容、體諒妳。

10.大氣女強人就不該嫁強勢大男人

我們不得不承認一個事實；女權早就興起。

Ginger跟Nick大學是同班同學，四年相知相戀，情深意重。大學一畢業，當別的同學都忙著找工作、考托福、出國的時候，他們倆卻先幸福甜蜜地結了婚。

婚後，兩人開始打拼各自的事業。Nick大學時便是全校有名的硬朗強勢大男人，是無數女生心目中的白馬王子，他聰明、英俊、幽默、可愛，還是運動健將。

反觀Ginger，卻是個不起眼的小女生，最喜歡做的事大概是躲在Nick懷裡傻笑。他們的愛情就像是現實版的童話故事，令無數人豔羨。

然而Nick的事業運大概沒有Ginger好。剛入行，Ginger有幸接到一個大case，雖說是做副手，卻一下子學習到許多寶貴經驗，很快成爲能夠獨當一面的小主管，事業蒸蒸日上。

反觀Nick，五年來仍然是庸庸碌碌的小職員，連夫妻倆購房的頭期都是Ginger支付的。

Ginger當然不會跟丈夫計較這些，她爲了平衡丈夫的心理，還常常忙裡偷空給丈夫做美味吃食，打理丈夫服裝。也是因爲要顧及丈夫的感受，她一般不把工作帶回家，也不在家中接工作電話。要我說，Ginger實在是現代女子的典範。

Ginger有一天隨口跟我說，Nick最近對她好冷淡，她懷疑他工作出問題了。接著沒多久，她從朋友那裡得知，Nick最近與一個陌生女人過從甚密。Ginger當時立即反駁：「不可能！」她不敢相信，他們的感情太牢靠穩定了，從學生時代到入職工作，他們一直沒有隔閡，相親相愛。

Ginger問Nick，Nick想了想，說他沒有外遇，但是要求離婚。這對Ginger的打擊太大了！Ginger不明白，丈夫沒有外遇，他們沒有爭吵，最多也不過因爲她工作太忙，聚少離多。這樣平靜的生活有什麼不好，怎麼會嚴重到要離婚的地步？

「因爲妳做得太刻意了，親愛的。Nick的性格妳很清楚，事業不如意他必然耿耿於懷。於是妳小心翼翼，再累也要盡量回家多做一點家務。妳不在家裡工作，不在他面前談工作。妳以爲妳裝得很好嗎？妳愈這樣裝傻迴避，便愈顯得他無能。」這是我的回答。

且不去糾結男人外遇的眞假，其實「女強男弱」就是一個無論如何也不能迴避的重要因素。女權早就興起，女人說「靠山山倒，靠水水流，靠男人會死，靠自己最好」。

女人早已明白自己的價值，也早已擁有不容侵犯的尊嚴。她們走進職場，掀起一輪又一輪腦力戰爭風暴，她們證明自己是比男人更高級更有潛力的動物。結果一不小心，她們強過了自己的丈夫。

而這時女人強大的ＥＱ也表現出來了，她們其實不是不明白丈夫的心結，她們深諳裝傻之道，在家裡說話做事都顧忌著丈夫的感受，希望能夠平衡事業上「女強男弱」帶來的緊張感。

問題是，丈夫也不是傻的，這樣明顯的「裝傻」，丈夫怎能感受不到？又不好怨怪發洩，最後，不在沉默中爆發，就在沉默中變態。

其實我覺得，大氣女強人本就不該嫁給強勢大男人，最適合她們的是居家小男人。但無奈每個女強人似乎都有「力量崇拜症」，似乎只對更強勢的男人有感覺。

既然木已成舟，那在家裡不妨「裝」得更專業一點，事業上的問題多問一點，明白也問，不明白也問，不要避而不談。慢慢地，男人會放下「戒心」，覺得妳做得那麼好，不過是「運氣」。

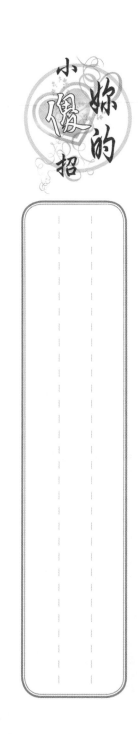

妳的小傻招

11.家不是講道理的地方

在家裡事事講道理的女人挺傻的，因爲那個地方根本沒道理可講。

慧心在結婚前就知道丈夫不僅要贍養自己的父母，還有一個姨婆。據說姨婆很可憐，年輕時丈夫病逝，她一個女人好不容易把兒子養大成人，結果兒子大學剛畢業就車禍身亡，剩下姨婆一個人孤苦伶仃。丈夫不忍看姨婆年紀那麼大還無人照顧，就把她接過來一起住。

慧心是個很心軟的女人，當聽到姨婆可憐的身世，就跟丈夫說：婚後一定對姨婆好，讓姨婆開開心心。可是眞正相處起來，卻完全是另外的樣子。

姨婆很勤快也很能幹，洗衣、打掃、煮飯等家務慧心一概不用做，姨婆一個人遊刃有餘。慧心一開始很感激姨婆，但是後來越來越受不了姨婆面面俱到的「服務」。

很多時候，她的東西、丈夫的東西通通找不到，要問過姨婆才知道東西收在哪裡。有時候她要去書房工作，姨婆卻拉住她說一些很無聊的話，而且沒完沒了。

再後來，慧心生了兒子，姨婆就老跟她搶孩子，除了餵母乳時間，她幾乎見不著孩子的面。等孩子斷奶，就更沒她這個媽媽的事情了。

姨婆總說她跟老公工作那麼忙，孩子不用他們操心，她會照看得很好。她哪裡是照看？分明是隔絕他們母子。慧心跟丈夫「抗議」過很多次，丈夫勸她說姨婆也是好心，再說姨婆也沒攔著她看孩子。

有一次慧心抱著兒子不多時，也不知道哪裡出了錯，兒子開始哭。姨婆一把抱回去，指責慧心不會照顧小孩。丈夫也跟著「討伐」慧心，慧心有苦難言：兒子從出生到現在她抱過幾回？她哪裡有機會照顧到。

慧心愈說愈傷心，幾乎哭出來，她跟我感慨：「婚姻果然是愛情的墳墓！他們根本不講道理，我快被他們逼瘋！」

我一點也不同情慧心，對她說：「妳總不能一輩子只談戀愛不結婚。不怪婚姻，是妳自己鈍感力太差！」

「鈍感力」是日本作家渡邊淳一發明的詞，直譯過來就是「遲鈍的力量」。

面對生活種種的挫折和困難，不要那麼敏感，慢半拍地去應對，也不過於理性地分析反思，這是一種贏得美好生活的手段和智慧。

愛情走入婚姻以後，便不再是兩個人的浪漫那麼簡

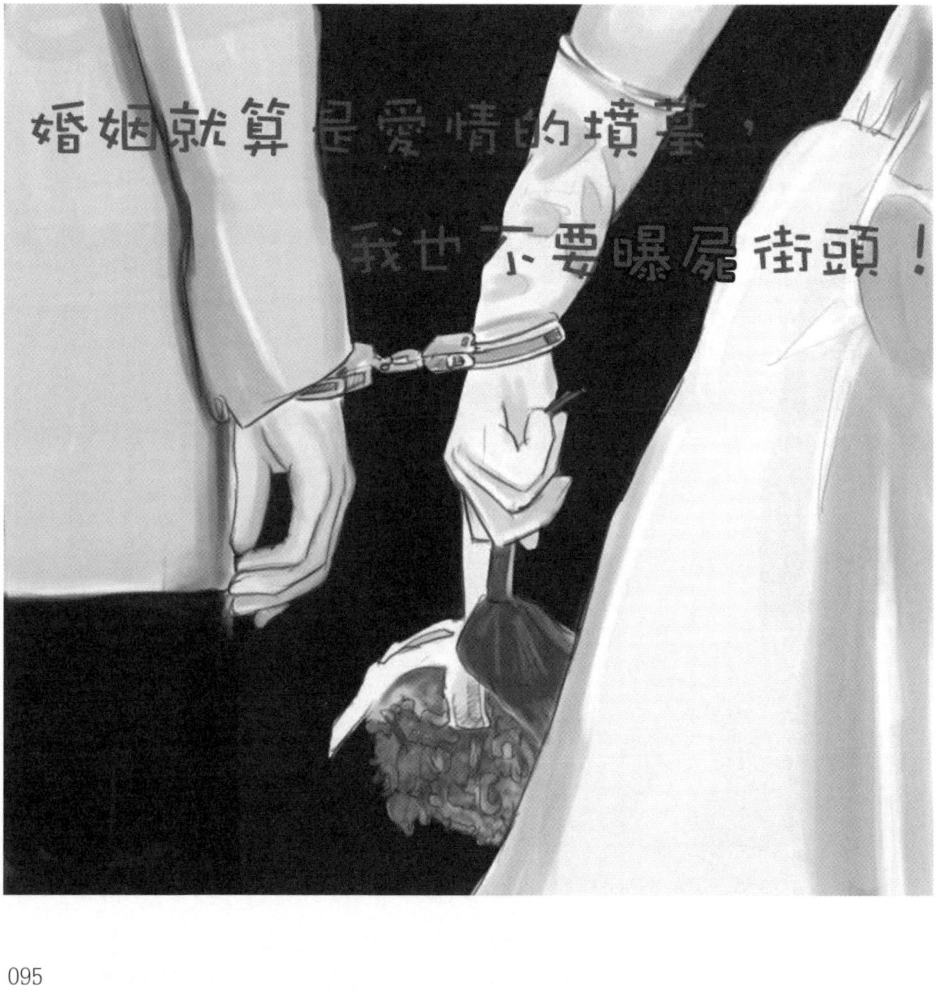

單，必須進一步升級，開始學會鈍感地包容、接納，從而對全家人產生一種「一生的責任心」。慧心太敏感，又不成長，用一顆戀愛的心過婚姻生活，再用自以爲的理智去指責丈夫和姨婆「不講理」——拜託！這是一個家不是法庭，哪有那麼多道理讓妳講？萬事清楚明白，分清對錯和責任，那日子要怎麼過？這時候，「鈍」一點，「傻」一點，提升鈍感力，才能家庭和睦、身心健康。

妳的小傻招

12. 婚姻這場戲不用「品味」做包裝

女人有品味包裝就好像添了更多貴重的陪嫁，只是帶到婚姻裡，有時就顯得不合時宜。

結婚一年，突然有一天，老公跟她說：「我覺得妳就像個演員，我們的家就是妳的舞臺，我是劇務，而妳打扮得光鮮靚麗做戲給別人看。

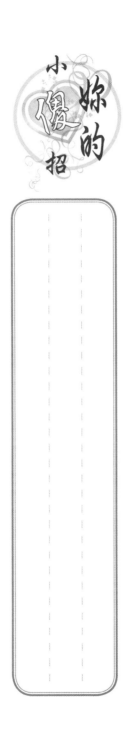

我們剛結婚的時候去度蜜月，好不容易選定了地方，因爲妳沒辦法確定路線而無法成行。我建議走西線，妳嫌西線沒意思，說人太多大殺風景。我又建議走東線，妳說東線沒有好景色，路程又太遠。

我終於想出一個不喧鬧嘈雜、路程遠近合適、景色也算迷人的路線，妳又爲食宿問題困擾。妳說旅行是爲了享受人生，品味最重要，又不是艱苦修行。最後我爲了妳該死的品味絞盡腦汁另外安排行程，也不過得到妳一個『差強人意』的評價。

沒錯，跟妳在一起有很多高尚的節目；看話劇，聽音樂會，下圍棋，逛博物館……那段日子我覺得我的品味一下子提升了很多。可是結婚以後，我覺得妳的品味就像個魔鬼，我的服裝搭配、我的領帶顏色、我的皮鞋款式、我吃飯的樣子、走路的姿勢……妳處處挑剔，因爲沒有一樣符合妳的品味。

妳知道嗎？現在就連出門跟妳吃一頓飯我都戰戰兢兢，生怕點了雞肉卻又不小心點了紅葡萄酒，違背妳『白肉配白酒』的原則。幫妳沖了一杯卡布奇諾咖啡就想妳會不會摔杯子，然後暗暗埋怨冰箱裡沒有肉桂粉也不是我的錯。我再也受不了妳的品味了。」

老公說完頭也不回地離開家，妻子的眼圈紅了。

女人學識豐富，有禮儀、有品味是一件好事，這讓女人更富有魅力，更吸引男人。都說在幾種讓男人永遠不想離開的女人裡，有內涵的女人排在第一位。可是當這種內涵、品味處處細緻地表現在現實生活裡，就實在是件糟糕的事情了。

當女人用她的品味要求她的丈夫，對丈夫來講是一次次挑戰他的尊嚴。一開始，他或許還願意忍耐，那是他對妳的寵愛。但是當他開始忍無可忍的時候，妳就危險了。

他在妳面前彷彿是禮儀品味學院的最差生，然後妳讓他厭惡，讓他沒自尊，讓他從愛妳到恨妳。

如果妳也是個品味高尚的女性，那麼請注意：別把妳的品味帶進婚姻生活，並且用妳的品味嫌棄妳的丈夫。

即便妳要改造他，讓他變得和妳一樣有品味，也請妳顯得「傻」一些，默默地引導妳「聰明」的丈夫。總之，妳再有品味，也有責任保護丈夫的自尊。

妳的傻小招

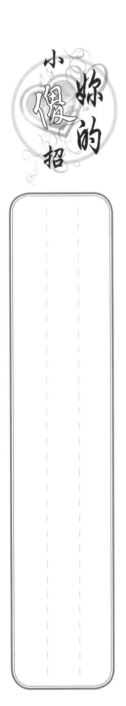

13.一個男人的好，只有在他身邊的那個女人才知道

妳要記住：別的女人沒有資格說妳丈夫的壞話。

玫麗的姐妹淘都不大看得起玫麗的丈夫。當初玫麗決定嫁給他，姐妹淘全體出動勸阻。她們列出了玫麗不能嫁給他的幾大理由：

1.他沒前途。玫麗是T大畢業的高材生，畢業後進了世界五百強企業工作；反觀她丈夫，師專畢業，在國小做老師。天啊，這種男人有什麼前途可言？

2.他沒好相貌好身材好氣質。如果一個男人註定不能擁有璀璨的事業，那麼能令女人心動的大概就是皮相了。可是玫麗的老公長相一般，胖胖的，平心而論有些可愛，看著一副好欺負的樣子。實在不懂玫麗看重他哪裡。

3.才華不能當飯吃。對，玫麗說看上他才華洋溢，他會寫詩，會畫畫，還有一把好嗓子，唱歌超好聽。拜託，才華能當飯吃嗎？再說即便他有搞藝術的天分，可是多少藝術家窮困潦倒、客死異鄉，死後才獲榮耀。

反正，她們看死了這個男人，認定玫麗嫁給他不會幸福。

玫麗沒嫁的時候，每當她們說起男友不好，也不與她們分辯。她那時候愛情至上，跳出三界外、不在五行中，她自談她的戀愛，不理姐妹們的「妄言」。

她嫁給丈夫之後，有時候會覺得姐妹們說得也有道理。起先是微微苦惱，後來愈加煩躁，然後實在忍不住就開始跟我傾訴。我給她的建議是：三個月內不要見那些說丈夫壞話的姐妹，然後摒棄心裡的各種雜念，好好體味一下跟丈夫相處的生活。

這三個月，玫麗經常跟我分享她跟丈夫在一起的點滴。比如丈夫聊起學校裡那些學生的樣子很閃亮，那種滿足的神采讓她想快點做母親。

比如丈夫週末喜歡窩在家裡畫很Q很可愛的漫畫，她在一旁看得津津有味，還會忍不住幫忙想劇情。

比如丈夫跟她商量想養一隻狗，她不同意，丈夫委屈的表情很有意思，令

她情不自禁地摸摸他的頭說：「乖，我們家已經有一隻了。」然後看到丈夫更鬱悶的樣子，令她無比開懷。

「他眞的很可愛。」玫麗總結道。

「一個男人的好，只有在他身邊的那個女人才知道。別人有什麼資格評論，有什麼資格唆使那個女人離開？」我問玫麗。

玫麗恍然大悟：「對，她們沒資格，即便她們是我的姐妹。」

跟任何人在一起聊天，哪怕是最好的姐妹，當她們指責妳的丈夫時，不能裝糊塗。客觀評論可以忍受，一味批評必須維護。維護他，就是維護妳自己的幸福。

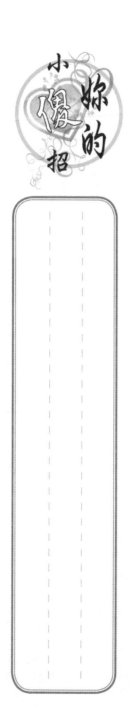

14.無條件相信的「傻」福氣

能夠無條件相信一個人，是一種福氣。女人能夠無條件相信她的丈夫，是一家人的福氣。

青在朋友們眼裡，一開始是個有福氣的女人。在這個只同居不結婚的年代，青早早嫁了稱心如意的良人，工作安穩悠閒，生活很美滿如意。

只是近兩年，朋友們開始覺得青是一個很傻的女人。以前朋友聚會，青常常偕丈夫出席，席上恩愛熱鬧，羨煞一干單身或情路不順的姐妹。近年來，聚會上再也見不到青的丈夫的身影。偶爾有人在西餐廳望見青的丈夫與豔麗女子單獨用餐。後來，從青那裡得知的消息：青的丈夫常常應酬晚歸，夫妻倆幾乎沒有多少時間共處。於是姐妹們開始自動想像青面臨婚變的危機，明示暗示青要多注意丈夫的行爲。

青卻傻傻地眨眨眼說：「我相信他。」

可笑！男人分給妳多少時間，就說明他給妳多少愛，妳的丈夫幾乎不見妳，他對妳情感淡了，妳何談相信他？！姐妹們覺得青被這幾年的婚姻生活磨去了智慧，變成了一個愚昧的婦人。

姐妹們拜託我向青打聽她的眞實想法，MSN上遇到青，我便細細問道：「眞的相信他？不是做戲，也無怨言？」

「每個人都怕受到傷害，疑心是出於對自己的保護，這本無可厚非。但是自從我決定嫁給他，也就決定了無條件相信他。那些疑心、擔憂、不安、焦慮在婚前我通通經歷，也通通徹悟，現在全部封鎖，義無反顧。」

我嘆息：「這是一種福氣，妳帶給全家人的福氣。」

女人在決定嫁給一個男人的時候，其實已經對他累積了足夠的信任。只有當她堅信跟他在一起能夠擁有美好的生活，她才會點頭託付終身。可是很多時候，這種信任常常在婚後被女人自己的胡思亂想所摧毀。

戀愛時他的重心是她，結婚後，慢慢地他忙於工作、應酬、拓展事業，總之他漸漸疏遠了她，他開始顯得不那麼在意她的心情，對她的要求也不那麼上心。於是很多女人開始犯疑心病：他是不是不愛我了？他是不是有了別的女人？然後女人開始責問，開始提要求……如果事態得不到控制，那麼一段幸福的婚姻有可能就此被毀滅，即便不離婚，也絕不美滿。

> 無條件信任是一種愛的能力，尤其在婚姻裡。戀愛中的愛是花香，婚姻中的愛是空氣。妳不能因為聞不到花香就懷疑自己是否在呼吸。妳選定了一個男人，跟定他，他就會把妳當成他自己來愛一生。這種看似癡傻的婚姻態度，實乃大智慧。

後來經過時間證實，青的丈夫實際上是在工作之餘找到門路做起生意，因爲風險很大，不願青擔心，才沒有據實以告。

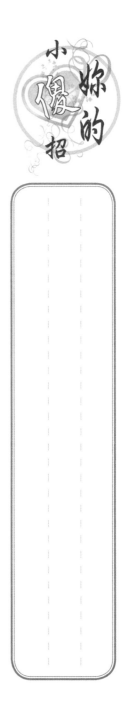

15.做好兩件事，就有甜美婚姻

好多人、好多朋友問我，怎樣擁有一個甜美的婚姻？我總回答：只要做好兩件事——擁抱、喝咖啡。朋友們聽後都嗤之以鼻，只有薇薇暗暗記在心間，並且嚴格執行。

薇薇並不特別，念書的時候成績不上不下。畢業以後在一家公司做小祕書，「不思進取」地過生活。然後工作兩年，薇薇順利跟男朋友結婚。這就是普通人的生活，我們都是普通人，沒有那麼多生生死死、癡癡怨怨的愛戀。

可是小小的薇薇也有大大的夢想：她希望自己的婚姻可以保持甜美，永不變質。每天早晨，老公送她到公司，她要抱一抱他才下車。如果兩個人因爲什麼事情生氣吵架，薇薇會在吵得不可開交之時停下來，做幾個深呼吸，然後繼續爭吵，循環往復，直到吵出結果。而不管結果好壞，薇薇總要輕輕問一句：「你能抱抱我嗎？」我想那時，薇薇老公的心一定會變得很軟很軟。

他們曾經遍遊台北的咖啡館。薇薇跟老公約定，不管有多忙，一個月至少要兩個人一起去一次咖啡館，哪怕帶著電腦去咖啡館工作也好。兩人每次都會換一家，相對而坐，一邊品評咖啡館的設計，一邊聊天，聊最近的工作、朋友、家人，還有各自腦袋裡的奇思妙想，好似他們兩個此時不是夫妻，而是許久未見的朋友。慢慢地，老公喜歡上了這項活動。再後來，好似能聊的都聊過了，兩人在咖啡館靜坐一天，聽音樂不說話，也無比舒適。

於是，他們成了模範夫妻。

再有人跟薇薇討教甜美夫妻祕法的時候，薇薇說：「沒什麼了不起，我只是做好了兩件事：擁抱、喝咖啡。」朋友們嘖嘖稱奇，又來問我，這次她們問的是：「爲什麼？」

因爲擁抱訓練依賴，喝咖啡訓練放鬆和獨立。

觸摸是人的本能，從遠古

而來。我一直覺得這有著十分深遠的意義，我沒有辦法用科學的方式解釋給你聽。人心裡的祕密，當思想和語言都達不到的時候，擁抱可以達到。它引發內心複雜的感情，激發一種說不清楚的緊密聯繫，並且透過更進一步的連續的刺激，比如愛撫，比如親吻，比如做愛，最終達到一種「相依爲命」的境界。妳不能每天跟丈夫做愛，但總可以每天都去擁抱他，擁抱讓你們無法分開。

而喝咖啡這件事，目的不是咖啡，是相對融入又相對隔閡的空間。這個空間可以帶來獨立思考的自由，可以帶來無話不談的放鬆，可以帶來深沉的理解和包容，可以帶來無盡的凝想和希望。

朋友們埋怨我爲什麼以前不說。我要怎樣說呢？懂的人一點就通，看似「很傻很天眞」，其實心如明鏡。不懂的人點通了也不會去做。她們果然沒有辦法堅持，「聰明」的她們說，很多時候想不到，想到的時候又要趕著做別的事情。

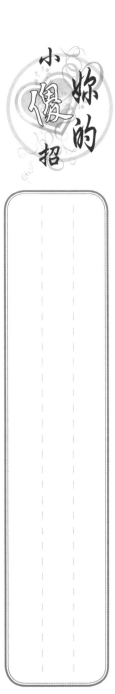

16.誰言婚後無寂寞，看妳怎麼消遣寂寞

以為結婚後就是兩個人的世界，從此不再孤單，快樂有人分享，憂愁有人分擔，一生不離不棄，永不寂寞。這想法太天真，只算對了一半。

阿夏最近遭遇婚後最低谷，她很煩躁，無所適從。

她打電話約女友Y逛街，Y驚叫：「拜託！親愛的，妳不知道我在蜜月旅行嗎？」啊，對了，上個月她才參加過Y的婚禮。

她給U發簡訊，問U有沒有時間出來喝茶，U回道：「不好意思啊，阿夏，婆婆有事要我陪她。」

她聯繫了所有能聯繫的朋友，然後發現所有人都在忙，所有人都有了自己的生活。阿夏扔掉手機，躺在床上看著天花板發呆：她好寂寞。怎麼辦？

阿夏剛結婚的時候，還有眾多姐妹淘單身。丈夫忙，沒時間陪她，她也不在意，反正有姐妹可以逛街、喝茶、聊天。丈夫覺得阿夏通情達理，從不無理取鬧，但凡有時間，便安排很多節目討阿夏歡心。儘管媽媽們都催得緊，可是阿夏夫妻覺得年輕時應該好好打拼，再說還沒過夠兩人世界啊，幾年來他們都沒有要小孩的意思。阿夏對這樣的生活滿意至極！

然而幾年過去，姐妹們陸續結婚、生小孩，時間被生活塞得滿滿當當，每次聚會都湊不齊人

數，後來乾脆誰也約不出。阿夏開始覺得無比寂寞。因爲寂寞，她想做媽媽了。也是因爲寂寞，她開始變得黏人，希望丈夫總陪在身邊。

「阿夏，妳該找點事情來做。」丈夫認眞地對阿夏說。他們都沒有做好養小孩的準備，而且阿夏的理由很幼稚，她現在的心態根本不適合做母親。阿夏當然不是全職太太，她也有工作，只不過是個閒職，工作量很少，十分悠閒。

該找點什麼事情呢？阿夏又開始發呆，然後又陷入寂寞。

我給阿夏的建議是：「妳可以培養一個興趣愛好，比如烹飪、畫畫。再不濟，多去讀點書嘛。」

沒錯，結婚後就是兩人世界，兩人世界裡當然不會孤單，當然要互相分享快樂、分擔憂愁，但是永不寂寞絕無可能。夫妻不是連體嬰，你們不可能一天二十四個小時黏在一起。朋友們早晚都會有自己的事業、家庭，我們不再能夠如年輕時那般肆無忌憚地聚會、聊天、逛街。生活是一本有很多瑣碎、狀況迭出的書。總有一個時段，它風平浪靜，乏善可陳，於是讓人覺得寂寞到窒息，就連最親密的丈夫也沒辦法幫忙排遣。這個時候不要傻了，別慌，別亂，別煩躁。想想妳兒時有什麼夢想，想要做什麼學什麼，不如去做去學好了。

當女人學會如何消遣婚姻裡的寂寞，而不是消遣自己的老公，把生活弄糟，就變得又聰明了一點。

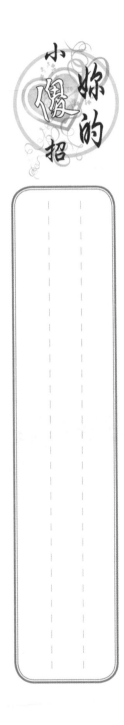

17.別把丈夫培養成最優秀的男人

美貌讓男人停下，智慧讓男人留下。聰明女人是一座學校，男人不僅願意留下認眞學習，畢了業還想留校任職。女人於是頗爲驕傲，這樣優秀的男人是她「培養」出來的。別得意！這不是妳放心的時候，恰恰是妳危機的開始。

葉心萍學生時代就是公認的智慧與美貌並存的那種女生。她也很清楚自己應該揀選什麼樣的男人來嫁。她常跟姐妹說，「男人，是需要被女人馴化培養的。」她深知，沒有一個男人天生跟她完全匹配。既然找不到心目中的super man，那就自己「養」一個極品男人好了。

她揀選了一個質素不錯的男朋友，先是用她的美貌征服他，然後用她的智慧折服他。有些女人天生有這種魔力，她會把她的男人越「養」越好。後來，她的男友越來越迷人，從學識到涵養，從爲人到處事，處處合葉心萍的心意。一開始葉心萍揀選了他，現在葉心萍是眞心愛上了他，葉心萍覺得自己也有皮革馬利翁情結，愛上了自己的「作品」。

後來兩人結婚，葉心萍覺得婚姻生活幸福美滿，才沒有姐妹們說的那麼多煩惱。正當葉心萍舒心地享受婚姻時，她發現丈夫身邊突然冒出來一堆追求者。那些女人似乎完全不把她這位正牌太太放在眼裡，越來越大膽地對丈夫示愛，以愛爲名盡情破壞她的生活。

別把嫁衣做得過於漂亮，
因為有可能最終穿上它的
並不是妳自己！

優秀的女人身邊沒有人，沒有男人也沒有女人，她總是孤家寡人地優秀著。可是優秀的男人身邊總有很多人，有很多男人也自然有很多女人。我說過，女人天生就有「力量崇拜症」，對有能力、有涵養又充滿男子氣概的男人，女人往往迅速淪陷，無可自拔，稍稍欠些理智的還會不顧一切。

不乏美麗聰慧的女人擅長「培養」自己想要的男人，卻不知多少女人坐等收成，企圖霸佔妳的「勞動果實」。也許她不知道那是妳辛苦所得，反正她遇見了妳的男人，立刻感到那就是她想要的。一個男人是要很愛妳才願意留在妳這所學校學習，學完還積極爭當妳這裡的終身教授。只不過當他變成妳最優秀的學生，妳就要當心別的學校來搶人。所以我常說，不要對男人要求太高，不要指望把他培養成最優秀的那一個。人無完人，實際上有瑕疵的個性也很可愛。有沒有想過，很多時候，妳的「培養」其實有壓抑的成分，現在成功了不代表將來無變數。

女人老記掛著自己的「功勞」，把「教導」出一個成功男人或者完美男人當成最理想的事，是不是太武斷了呢？其實兩個人在一起，最完美的相處之道是相互「影響」，而不是單方「施教」。

葉心萍這種女人看似充滿智慧，其實是自作聰明。

妳的小傻招

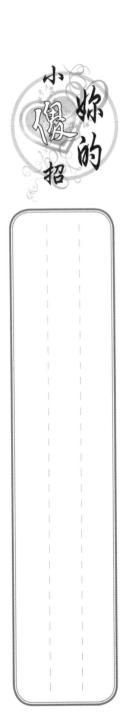

18. 把戀愛時候的眼淚帶進婚姻裡就太傻了

我不否認眼淚是女人對付男人的武器，可是戀愛裡的眼淚跟婚姻裡的眼淚是不一樣的。

冉冉知道丈夫有個弱點：他最怕她哭。她一哭，他就會心軟，會認錯，會安慰她、千方百計討好她。冉冉覺得自己掌握了一個制勝法寶，有這個寶貝在，丈夫萬事都要向她投降。而且眼淚流得多了，她自忖堪比奧斯卡影后，想流淚就能流出來，可見功底深厚。

他若忽視她了，沒注意到她新買的衣服，也不花心思陪她，她就哭給他看，梨花帶雨楚楚可憐，哭得他連連求饒。

婆婆教訓她了她也哭，眼圈泛紅，處處透著委屈，不管她是對還是錯，丈夫總要先安撫她，氣得婆婆咬牙切齒。

兩人若因什麼事情發生爭執，吵到最激烈處，她必哭得驚天動地，聲聲哀怨，稱丈夫待她不好。這場架自然吵不下去，丈夫還要跟她道歉賠罪。

冉冉洋洋得意的同時，卻越來越不安。她還沒來得及弄明白這種不安來自哪裡，丈夫來跟她談離婚了。

「爲什麼？」

「我再也不能忍受妳的眼淚。」

「你說過我的眼淚讓你心疼。」

「現在它讓我害怕。」

「爲什麼？」

「我們戀愛的時候，妳哭，我便感到愛。結婚以後就不是這樣了。而且，妳不能總是這樣長不大。」

冉冉這次是眞的哭了。

「是妳跟我講，眼淚是女人的武器！」她來責怪我。

我好氣又好笑：「是的，可是妳用錯了地方！妳把戀愛時的眼淚帶到婚姻裡，這太傻了！」

「這有什麼不一樣？」冉冉有些歇斯底里。

這當然不一樣。眼淚是女人的代名詞，即便今天，女人的名字已經不叫弱者，但一個會因爲感動、因爲傷心、因爲愛情而哭泣的女人仍然令人心生憐惜。男人會因爲女人的眼淚認罪，並且發誓保護她。

但關鍵是：女人用情感談戀愛，卻必須用智慧過生活。眼淚是戀愛的情感表達方式，而婚姻不是這樣。婚姻裡不能感情用事，甚至需要大而化之。眼淚不是維護婚姻的武器，不是對付丈夫的法寶。實際上，跟男人談戀愛，妳確實需要「對付」他；跟男人過日子，妳卻必須與他站在同一陣營，協同合作，妳不能「對付」妳的丈夫。

我不是說，結了婚的女人不可以哭。而是，當妳結了婚，妳對家庭負有責任之後，哭不能解決任何問題，只不過是逼著妳的丈夫跟妳妥協。人人都有底線，當妳的丈夫被妳逼到退無可退的時候，差不多妳也該從這場婚姻裡退場休息了。

倘若妳真的傷了心，受了委屈，請妳在解決問題之後再哭。這才是婚姻裡的眼淚。

妳的小傻招

19.別以為毀掉一段婚姻就能找到愛情

很多女人以爲毀掉這段糟糕的婚姻，然後一定能夠找到幸福的愛情。多麼天眞！

我曾經接到這樣一封Email：

「親愛的，我想離婚。

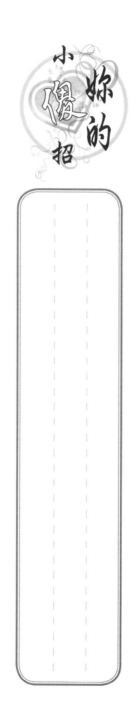

我可愛的兒子馬上就要上高中了，以後他會住校。我終於得以喘息，來認眞思考我的婚姻。

其實，我未嫁給他之前，我們已經是經常吵架了。當時我始終狠不下心分手，我覺得我的離開一定令他難以接受，讓他受到深重的傷害。於是每次吵完，便裝傻忘記這次爭吵。現在想來，才知道自己有多錯。當初我憐憫他，如今誰來憐憫我？我將近二十年的青春就這樣陷在這裡，這個充滿痛苦的婚姻！

我的丈夫是一個斤斤計較的人。他常常在家裡據理力爭，而且不依不饒。他毒舌、暴躁，一言不合就大打出手。他眞的完全無法控制自己的情緒。他不但這樣對我，也這樣對兒子。我的兒子從小到大沒有得到過他一句誇獎，總是侮辱、謾罵。

但奇怪的是，這樣一個在家裡逞威風的男人，到了外面就變成了好好先生。他對朋友熱情溫和，對陌生人有禮謙讓。很多朋友都跟我說，他們非常羨慕我，得到這樣一個模範丈夫，令我有苦說不出。有時我壓抑得太厲害，就跟他朋友略微提及他的性情，但是沒有人相信我。他父母倒是明白，卻從不爲我說話。

我現在簡直是在熬時間，只等兒子高中畢業我便要離開這個家。說實話，我很懷疑我能夠撐過這麼久。這日子就好像一帖慢性毒藥，每熬過一次，就害怕下次發作時在劫難逃。而且我很擔心，眞正談起離婚要面臨的諸多麻煩。

我現在更糾結的是，離婚後我會怎樣。我希望現在就找到一個男朋友，知我懂我體貼我，給我一點動力和信心，這樣我離婚以後可以順利地再結婚。否則等我離了婚，快五十的年紀，怕是根本不可能再找到什麼人了。

我該怎麼辦？」

看完這封Email，我幾乎不敢相信它來自一名四十多歲的成熟女性。

如果她說的一切屬實，那麼她的丈夫眞的虧欠她很多。她也爲了一段不成熟、不理智的愛情付出了相當大的代價。

如今，她離婚的意願很堅決，大概只是在於時間問題。我想如果沒有兒子，這段婚姻恐怕早已不復存在了。

但是想要從現在開始談戀愛，及至離婚以後有一個現成的新郎陪

她踏入另一座圍城，這簡直天眞至極！

婚姻不幸，很多人只想到埋怨對方，從沒想到自己亦需要被責備。得到愛情的時候，以爲自己幸福了，從不想這個人是否能夠讓妳依靠一生。

哪怕像這位女主角一樣，已經意識到了問題，還繼續裝傻，粉飾太平。須知道，結婚只是一道程序，它不能解決任何問題。

同樣，愛情也只是一種感情，它一樣不能解決問題，甚至它還會帶來很多問題。

指望痛苦的現在遭遇一段愛情，從而脫離苦海，我想這位女士還未眞正清醒。愛情需要智慧，需要有選擇和淘汰的智慧。

而婚姻需要心胸，需要接納和理解的心胸。指望毀掉一段婚姻找尋完美的愛情，比單純的出軌更危險！

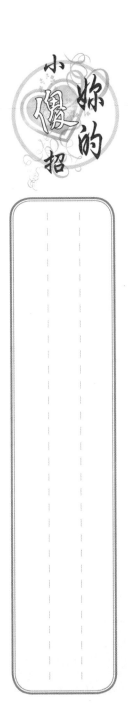

20.最傻的枕邊話造就最好的夫妻檔

枕邊話若是傻話，則夫妻之間越來越甜蜜；枕邊話若是太精明，則夫妻之間越來越貌合神離。

費晴躺在床上，看著一旁昏昏欲睡的老公，說不出的懋悶。他們結婚三年，老公當年也算清俊，知情識趣；只是不過三年的時間，他怎麼就變得如此不可愛了呢？他好像很聽話，她說什麼他都答「是」；但是也越來越沉默寡言，聽他多說幾句話都難得，更別提當年的幽默了。

想來想去，費晴忍不住了，她推了推老公，問道：「你最近爲什麼總聽我說，你的話卻是越來越少了？」

老公半夢半醒，敷衍道：「我說什麼？我聽話還不好嗎？」

費晴這次不依不饒：「你是不是對我有什麼意見，或者你沒新鮮感了？」

老公讓費晴弄得睡不下去，只好坐起來跟費晴說話：「妳也就在三種情況下跟我說話：我開車時，我們吃飯時，還有就是現在。這三種時候，妳讓我拿什麼心思跟妳說話？」

「那我上班的時候你也可以給我打電話呀，或者……」

老公打了個呵欠阻斷了費晴的言語，說道：「妳以爲還在談戀愛啊？時時刻刻想著妳，什麼事情都圍繞妳轉？」

費晴咬牙切齒地想：總算說句實話了，這才三年，他心裡就沒有我了！

當費晴用憤恨的語氣跟我講她跟她老公的這一段生活時，我一時不知該說什麼才好。

其實我以前還注意到一個細節。費晴跟老公說話時，不管在人前還是人後，總是特別不給他面子，也特別不知輕重。她會說：「我看走眼才選中你！」又說，「閉嘴，說你錯了你就是錯了！」還說，「我才不擔心你，你死掉我也不傷心！」

很多時候，這才是夫妻，萬事都能開口說，什麼都不忌諱。但很多夫妻也因爲這陣亡了婚姻。女人總是口是心非，擔心的時候裝作不擔心，明明想誇獎又要裝作不滿意，只想任性一下不小心又裝成是蠻不講理。我爲費晴這樣的女人暗暗嘆氣。

「有沒有聽過一句話：結婚前妳是什麼樣的人，那是上帝送給妳的禮物。結婚後妳是什麼樣的人，便是妳送給愛人的禮物。妳婚前嬌俏甜美，婚後怎麼就變得這樣犀利精明、不惹人喜愛？」

「有句話說得好，難得糊塗！過日子就是要學會裝糊塗、裝笨、裝呆，但是又不能不解風情。妳跟老公說枕邊話，不會說點好聽的傻話嗎？非要來清算老公的錯處，或者是妳的不滿之處，他不煩才怪！」　女人鬧情緒，往往喜歡用「講」來解決，也許根本就不用腦子想一想。可是男人聽「講」向來是用心又用腦，這下分歧就也越來越大。女人不放在心上的一些小事，卻被男人放在了心上。常說女人「小心眼」，在某些事情上，男人的心眼也不大。可是夫妻講話，若是顧慮重重，生活還有什麼樂趣可言？因此，平日裡說話可以沒大腦，枕邊話卻要認真說。無論如何，都要讓他在睡前的那番話裡得到「愛的滿足」，這樣才能抵消平日的「怠慢」。

妳的小傻招

21. 越傻越旺夫

很多旺夫的傻女人其實都在走一條路，戰略上旺夫，戰術上旺己。

茉茉說以前常去一個美食論壇。此論壇上有一個知名度甚高的ID，名字就叫「旺夫女」，可謂私房菜的絕頂高手。每次她發文章，關注度極高，回應者如雲，每個文章的菜餚都令人嘆爲觀止。她的私房菜從創意到選菜，從刀工到火候，甚至連最後的擺盤妝點，都精緻得近乎完美，絕對是大師水準。

而且「旺夫女」還經常貼出家中廚房、餐廳的照片。她的廚房寬敞整潔，全套的精美廚具令人眼紅。餐廳裝修格調高雅，餐具一看也是價值不菲，桌布有特色，桌上的鮮花插花工藝了得，次次不同，常年不敗。

這是什麼品質的生活啊？茉茉一邊說一邊發出羨慕嫉妒恨的咆哮。然後又自我安慰道：「旺夫女」有幸嫁了個事業蒸蒸日上的好老公，早早回家做享受高品質生活的全職太太也是理所當然。只不過日日這般勞苦，姿色一定衰退。

誰知不久後，「旺夫女」發出眞人照。茉茉等一干fans直嘆此女驚爲天人，根本不是茉茉所想的那種邋遢粗陋的廚娘，百分百氣質美女一枚，身材窈窕，面容精緻，衣著時尚。論壇上一片沸騰，男ID紛紛發出「有妻如是，夫復何求」的慨嘆和讚嘆，女ID則表示堅決不能讓自己的丈夫知道有此種女子的存在。

「旺夫女」的私房菜文章在論壇上活躍了兩年，她的fans越來越多，人氣只升不降。然而兩年以後，她的

文章卻越來越少，及至最近，越發寥落，幾乎到了芳蹤難覓的境地。茉茉最近也跟著很失落，她一直對「旺夫女」推崇備至。後來經過fans的多方打探才知道，「旺夫女」現在由氣質主婦變身職場麗人了，沒有太多時間研究精巧菜式。「旺夫女」說，丈夫事業剛起步，她幫不上忙，留在家裡打理後方，不失爲一個好的選擇。眼見現在丈夫事業穩定發展了，一味坐在家裡等丈夫回來品嚐幾樣小菜，未免單調無趣。不如重新收拾行囊，職場征戰，做不來大事業，做點小成就，也算是有點小情趣。我聽完茉茉的敘述，從對此「旺夫女」的不以爲然到現在讚賞有加。

不管是全職主婦還是職場麗人，不管是眞的想旺夫還是希望自己風光，努力方向其實是不謀而合的：立志當美女太太的，在維護自己完美形象的同時，不能忽略丈夫；而把治家當事業來做的全職主婦，更應適當給自己「放假」，建立自己的朋友圈和生活圈，活出真我滋味；立志當女強人做事業的，可以直率卻不能太過，這表現在男人面前要傻一點，美一點，低調一點。這樣做夫妻，才有意思。丈夫會旺，妻子也會旺。

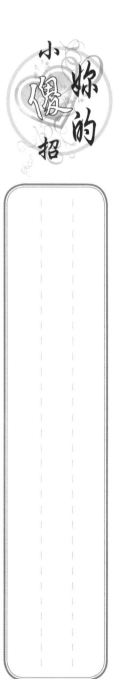

第三章

聰明女人把工作看得比性命都重要

1. 先搞清楚，是要謀生還是要做事業

謀生和做事業是兩回事。

阿姿留學回來，進了一家外資銀行做高層主管，工作得意，收入頗豐。阿姿對這種生活很滿意。她日復一日地勤奮工作，週末逛街shopping，年假去旅行。這些年，從歐洲到非洲，從峇里島到馬爾地夫，她幾乎跑遍了大半個地球。有哪個女人活得比她好？

思琴是阿姿的國中同學。思琴學習成績不算太出衆，當年聯考吊車尾考上了一所三流大學，出來工作了幾年。然後就在阿姿回國的那一年，思琴開始組建自己的團隊開了一個小工作室，每日工作時間超過十六個小時，全年無休。阿姿跑遍大半個地球的時候，思琴的工作室已經小有名氣，接了幾個大case。

兩人在一家餐廳巧遇，阿姿幾乎不能認出思琴。思琴變好多，令阿姿最有感觸的是思琴的氣質。國中的時候，思琴個性有點溫呑，穿戴也有些土，喜歡低頭走路，顯得懦弱畏縮；而如今，思琴的目光銳利藏著鋒芒，一身剪裁合體的套裝，時尚又不失端莊，一言一行一舉一動充滿了自信與成功的魅力。兩人均是意外又驚喜，正巧都有時間，便坐下來興奮地聊天，像兩個沒長大的小女生。

「啊，那家工作室是妳開的？我好喜歡你們的設計哦！」阿姿驚呼。

這不是一個聰明和傻的選擇題，
而是一個不同人生道路的設計
做事業
謀生

思琴謙虛著，然後問阿姿喜不喜歡今年的新款，喜歡哪幾款，她可以送給她。阿姿欣然接受，又是一連串的讚嘆。

阿姿所能想到的最好的生活就是自己現在這樣了。她從沒想過有一天，她會遇到煥然一新的思琴，聽她講自己的創業故事，好像在看一本勵志小說。要比賺錢，思琴賺的不一定眞的比阿姿多，可是阿姿羨慕思琴。

思琴最後跟阿姿說：「我從沒想過要謀生啊，我一直在做事業。當初進公司，我不怕做跑腿小妹什麼的，各個部門有事情我都去做。好多部門的同事說我是傻小妹，一個人做好幾個人的事，哪裡有工作就往哪裡。我只是不願意放棄任何能學習的機會而已。」

不是謀生，而是在做事業。這種話敲在阿姿耳邊，振聾發聵一般。阿姿知道，無論今天她賺了多少錢，謀得了什麼職位，過著多麼有情調的生活，她也只不過是在謀生而已。

謀生和做事業是不一樣的。女人在步入第一份工作時就該想清楚，自己是要謀生，還是要做事業。

謀生，就是找一份工作，跳幾次槽，加幾次薪水，賺夠錢，安穩到老；做事業，就是要目的明確，一切為目標服務，賺多賺少，賠錢甚至賠光，也義無反顧，百折不回。

謀生和做事業，談不上哪一種選擇更聰明，或更傻。這不是一個聰明和傻的選擇題，而是一個不同人生道路的設計。

無論哪一種，好好走都是不錯的人生。關鍵是，妳想清楚了嗎？不要到最後，後悔自己一事無成，或錯過安穩的生活。

妳的小傻招

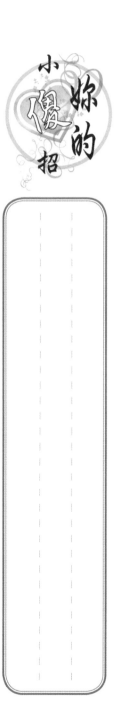

2.女人是比男人更高級的工作動物

很多事情、很多人已經證明了，在工作上，女人可以做得跟男人一樣好，甚至更好。

聽到Rita的傳說很久了，我每次總會被她的言論和故事征服。

Rita是朋友圈裡廣爲人知的傳奇人物，從一個小小的助理做起，最後變成各部門的工作都能完美勝任的職場女王。Rita現在的職位雖然掛著總裁特助，然而卻是公司最可靠的救火隊長。無論哪個人的case出了差錯，Rita總能完美解決。Rita跳過幾次槽，之前她爲之工作的老闆每每見到她，總要對她說：「做得不順心就回來，妳的位置還給妳留著呢。」

Rita可謂是職業女性的典範了。她爲什麼那麼能幹呢？這個問題在我腦海中盤桓不去。有一次，我終於跟Rita說上話，Rita回答我：「因爲女人有的優秀質素我都有啊。」Rita半開玩笑地說。

我聽了哈哈大笑。我喜歡這種自信到近乎自戀的女人。女人不遺餘力地愛自己、誇耀自己的時候，閃亮亮的很耀眼。

我結合Rita的話，觀察周圍的女性，得出一個結論：女人是比男人更高級的工作動物。

女人溫和柔軟的性子使她天生就具有完美的協調性。她可以用「柔」的力量化解團隊的紛爭，促進人與人之間的合作。一個團隊中，當人心情煩悶時、與人爭執時、遭遇艱難時，無論如何都不希望出現一個指手劃腳、發號施令的男人。女人以清新溫和的姿態降臨，她的柔和溫潤足以撫平很多爭端。

女人的細膩放大到工作裡，會讓一個計畫、一份文案乃至一個項目更加周到細緻，大處小處都安心。女人的韌性使其在工作中具有不可磨滅的光彩。無數科學實驗亦證明，女人的抗壓能力比男人強得多，連生子之痛都可忍受的女人，還有什麼樣的痛苦熬不過來。

女人，女人。越想我越覺得，**女人是那麼優秀的高級工作動物。但凡具有女性優秀質素的女人，怎能不成為職場女王！**

可是很多「聰明」的女孩子，卻用這些優點去對付「人」，尤其是公司裡的「男人」，而不是她自己的工作，白白浪費了上天給女人的天賦。

我忽然就很迫切的想和Rita成爲好朋友，很好那種。我覺得，我需要她那些「優秀質素」來影響我。

3.積極加班不如多賺外快

過去對工作的定義是「糊口」，我認爲現在亦然，想過好日子就加緊賺外快。

Fiona是公認的工作狂。每天最早一個到公司，最晚一個離開。主動加班，拼命工作。哦，我打賭她是老闆最喜歡的那種員工。

幾乎拼掉了健康的身體，還有原先的好膚色，帶著濃重的黑眼圈，Fiona終於登上她垂涎已久的主管之位。稍事修整，Fiona繼續向更高的職位進發了。

我勸過Fiona：「美容覺是女人的根本，任何東西都不可動搖。妳看看妳的皮膚和黑眼圈，多少名貴化妝品都養不回來。」可是繼而我又想，女人之中大概也有一些天性好戰的，野心不下於兵戈鐵馬職場殺伐的男人。

Fiona爲了將來以女皇的姿態君臨她的工作領域，這番辛勞也是必須的。

誰知Fiona跟我說：「等我坐上了部門經理的位子，就可以好好休息了。」

「妳不是想做行業翹楚嗎？」

「當然不是！我覺得女人應該趁著年輕的時候多賺點錢啊。女人一定要有錢！」Fiona理所當然道。

我吃驚不已。我竟然想錯了她。然後我拍拍Fiona的肩：「親愛的，靠加班升職賺的那是小錢。想多賺錢，你多學學Ann。」

Ann對工作的態度跟Fiona完全不同。職責範圍之內的事情，她會認眞、負責、高效地完成，準時上下班，如非必要，絕不加班。

回到家中，用一切業餘的時間賺外快。起先是打理一家網路商店，等到網路商店發展得不錯，便租下一個店面做實體店鋪，請人幫忙照看。休息的時候，Ann就自己去店裡坐鎭，她把這當成樂趣，喜歡跟來店裡的潮人聊天，從而累積了一批死忠顧客，甚至有些成爲她的朋友。

Fiona聽我說完Ann的事情，連連讚嘆Ann的能力強，自己比不上，開店哪裡是那麼容易的事情。

我笑Fiona，若把加班的時間都用來

做Ann做的事情，即便不開店，也比加班費賺得多。Fiona細細一想，終於點頭承認。

工作是永遠做不完的。企圖靠加班費多賺錢的女人，腦袋多少有些不靈活。加班，是做十分收穫一分，而另闢財路賺外快，卻是做十分收穫十分的工作。

沒做之前，先別忙著承認自己能力不足。並且，可以從自己的興趣出發，找自己擅長的、喜愛的事情來做。一舉數得，何樂而不爲？

在生活節奏如此快、生存壓力如此大的今天，爲了更好地活下去，其實，人人都被迫成爲了工作狂。可是工作狂，也有不同的做法。

妳的小傻招

放聰明點，做好老闆要求妳做的工作，對得起拿到手裡的薪水，這是職業道德。至於其他的時間和精力，就不要賤價賣給老闆了，這是現代人生存的守則。

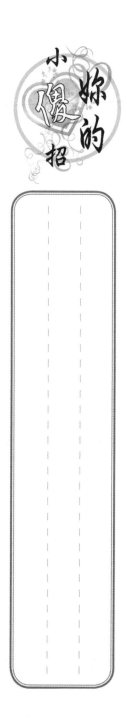

4.把工作養成一種習慣

養成一個習慣不難，堅持數日或數十日即可。在所有的習慣養成中，工作習慣卻是最重要的，是要有意識地堅持一生的。

Apple工作一年了都還沒有意識到自己進入了職業生涯。週一還沒從週末狂歡的狀態中剝離出來，心中全無半點工作的念頭，混混沌沌便混過一天；週二再花一天適應；眞正進入工作狀態，開始認眞做事情也不過二三日，然後便又是一輪週末狂歡……周而復始地混了一年，還未適應這種工作和生活，總懷念當學生時無憂無慮的日子。

照Apple這種心態，升職加薪都是遙遙無期的事情。偏她還意識不到自己的錯誤，成日做著美夢。後來有朋友實在看不過去，教訓了Apple一番。Apple不以爲意，心下腹誹：大道理誰不會說呀？我就沒看出來我們倆之間有何區別。

後來有一次，Apple向我發牢騷：朋友太不給面子啦，幾次三番毫不留情地說她，她現在一見到那位朋友都怕。我哭笑不得道：「本來就是妳錯啊。」Apple瞪大了眼睛反駁：「怎麼可能？大家都這樣啊。」

工作是一種習慣，但是自覺養成的和被迫養成的區別很大。自覺養成的工作習慣，無論對辦事效率，還是對人們做事的認眞程度、事情完成的完美程度來講，都是大有好處的；被迫習慣工作，則從心態上開始抵觸，繼而做起事來無精打采，錯漏百出。

自覺地有意識地養成工作習慣非常重要。這種習慣包括：

隨時可以進入工作狀態，即便週末狂歡時也不例外；

很快可以理清自己的思路，安排好做事情的順序；

結束一天，或者一個階段工作的時候，順便做好第二天、下一個階段工作的準備。

這習慣從踏入工作場所的第一天就該開始進行培養了。

妳是渾渾噩噩還是條理分明地工作，老闆最明白。妳可以個性懶散，為人迷糊，沒條理，好像很傻很笨，但是一旦進入工作狀態，讓習慣發作，就足可以彌補妳的傻。

就算眞的不聰明，也能做個好員工。

妳的小傻招

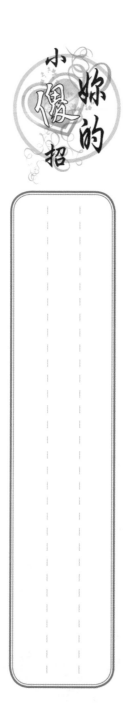

5.強勢工作弱勢生活，並且讓大家都看見

剛說過，有些人個性懶散，做人也迷糊，但有時，把握得當，這又不得不說是個優點。先賢都說：難得糊塗！

女人厲害過了頭，人們就會說她是「大女人」、「女強人」，就像Nancy。

一開始，Nancy是留守在家當全職太太。反正老公有本事，她趁著大好年華享受也很好。幾年過去，她開始不滿足這樣的生活了。孩子可以上幼稚園了，又聰明又懂事；家裡的事情又不多，大半時間她都好清閒……Nancy想工作了。

Nancy大學時學的專業是設計，想找家設計公司。當時經濟不景氣，Nancy不夠年輕，又沒有工作經驗，結果慘不忍睹。Nancy不服氣：沒有人聘請我，我就自己開工作室。於是從老公那裡拉來一筆投資，開始了她的女強人之路。

又是幾年歷練，Nancy的工作室更加壯大，人才濟濟，名聲在外。Nancy從原來的好太太、好媽媽轉變成現在的職業女性。

偶爾Nancy翻相冊，不禁感慨：工作也是能令女人容顏、氣質改變的一大利器呢，用得好威震四方，就像她現在；用得不好自毀城池，如她認識的一些朋友。過去的她溫婉可人，卻顯得小家子氣；再看看現在的照片，明豔動人，高貴大方，令她越看越歡欣。

丈夫卻有次說，不喜歡她現在的樣子，太霸氣，太不近人情，沒有當年那樣嬌媚，令人願意跟她相處，還舉例爲證：「妳看囡囡喜歡跟我在一起，多過喜歡跟妳。」女兒是最有力的證人呢。

Nancy低頭思索，後來還到工作室暗暗套老員工的話，想知道他們是喜歡現在的她還是過去的她。

沒想到，他們是這樣想的：她以前雖然經驗不足，手腕稚嫩，但是待人親切，既像是可以談心的姐妹，又像同舟共濟的戰友。現在，人前人後，工作裡工作外，都顯得那麼高不可攀，令人望而生畏。

Nancy不喜歡這種評價。這就像是告訴她，她失去了女人的一部分能力一樣。該如何改善呢？

我對她說：「好辦啊。妳工作的時候該怎樣就怎樣，工作之外不妨表現得笨一點，別那麼強勢。妳總要讓人家獲得一些心理平衡嘛，畢竟在一個團隊裡，人人都怕妳、遠離妳可不是一件好事。」

Nancy舉一反三，覺得對老公也應如此。既然一不留神做了女強人，那就要找到女強人的平衡。總結起來，八個字：強勢工作，弱勢生活。

之後，Nancy的員工漸漸發現了一些「祕密」：老闆的精明全用在工作上了，下班以後就變「笨」了，她沒有方向感，不認路，咖啡灑到身上會大驚小怪問人家洗不洗得掉……總之，老闆也不是那麼可怕的，有時候傻傻的好可愛。

看吧，女強人不是那麼好做的。男人強了無數人崇拜，女人強了無數人害怕，甚至不服氣，總要裝裝傻，令人感到平衡，才能一路通暢地走下去。

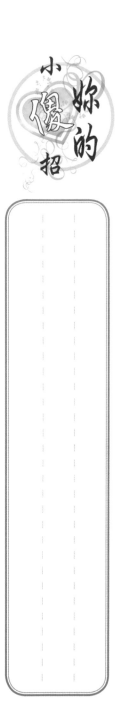

6.美貌是一種利器，多用在工作中

美貌是一種利器，雖不至於無往而不利，但絕不可輕視其殺傷力。

有一個名叫Tracy的女生，我沒有見過她本人，但是從姐妹們的談論中，我知道她容貌特別美麗。又據說，Tracy談的case，十之八九是可以拿下的。

我立即想到一個關於美貌與能力的辯證理論。通常人們認爲，特別美麗的女人，必定無腦。我一直不贊同，我認爲人的能力跟容貌沒有半分關係。那麼這種理論是怎樣產生的呢？我想，大概就是因爲特別美麗的人，容易令人降低戒心，令人特別沒有抵抗力，從而也降低了人們對這種人的判斷力。

Tracy從第一天上班開始，每日都打扮得光彩照人。她本來人就美，再稍作打扮，那簡直就是豔光四射了。據說，當天Tracy吸引了很多人的眼光，無論男女。這樣的焦點，自然也吸引了大小主管甚至老闆的注意。在這種注意力之下，Tracy稍作努力，就獲得上司們的連連誇讚和一致好評。工作是這樣的，妳做了多少有時候不重要，重要的是，上司看見了多少，認可了多少。

後來公司內部人事調整，Tracy到了公關部。這更讓Tracy的優勢得以發揮，如魚得水。每次跟客戶打交道，無論多難纏的客戶，見到Tracy的時候，都會更爲客氣一些。男人遇見美貌的女人，總要忍不住抖抖紳士風度的。若遇到女客戶，那更好辦了，多數能力卓著手握實權的女人，對

Tracy這種年輕美麗的女人存著天然的蔑視，甚至有時候我懷疑，胸大無腦的言論，就是從聰明卻相貌普通的女人那裡傳出來的。輕敵可是兵家大忌，商場上也不例外。

聽多了Tracy的事蹟，我想：她在踏入職場的那一刻，就很清楚自己把握著什麼樣的利器。美貌是天生的優勢，這一種競爭力大概是最沒有辦法後天培養的吧？只能稍作修飾、改善。然而，多數美麗又正直的女人總要想盡辦法讓別人忽視她的美貌，正視她的能力。多傻啊，明明實力強悍，握有必殺技，卻跟人家說我不用祕密武器，跟你公平決鬥。過人生看過程，做工作重結果，有優勢不用就是傻瓜。

有人問Tracy：妳如此耀眼閃亮，公司裡有沒有很多人敵視妳？Tracy輕輕笑：應該還好吧。我知道什麼時候該鋒芒畢露、當仁不讓，什麼時候該安安靜靜地做一只花瓶。

多聰明的女人，她會前途無量！

妳的小傻招

7. 辦公室裡就要沒心沒肺

通常人們說一個女人沒心沒肺，其實是說她傻。可是通常在辦公室裡，沒心沒肺的女人得利最多。

辦公室裡幾乎所有人都認爲方敏蓉神經大條，沒心沒肺得厲害。她似乎完全不知道衆人怎樣評價她，或者完全不在乎。你誇她，她笑嘻嘻跟你說謝謝；你對她表示不滿，她也毫不在意地說「哦」，而後依然故我。

當然，她並不難相處，讓她幫忙泡杯咖啡、收個信件什麼的，她手裡沒事情的話都會欣然去做。她也不常鬧脾氣，除了工作中比較堅持己見、不易被說服外，其他方面都很好說話。甚至有時候，她做好了一半的事情，因爲工作需要被別人拿去，她都渾不在意。她好像從沒發覺辦公室裡的明爭暗鬥，不跟任何人比，對誰都沒有意見，彷彿大家都是好同事、好朋友。

有時候看她被上司罵得好可憐，大家紛紛跑去安慰她。誰知一轉眼她便笑臉迎人，彷彿方才被罵的不是她。你問她是否一點不在意了？她輕鬆跟你說，她忘記了。跟同事吵架更是如此，一秒鐘之前吵得勢如水火，一秒鐘之後她笑咪咪問你要不要吃牛軋糖，令人哭笑不得。

哦，老天！沒見過神經粗成這樣的人啊，救命！

時間久了，再也沒有人願意跟方敏蓉計較，無論是工作還是別的。跟她計較好沒有成就感啦！

她贏了也沒見耀武揚威自命不凡，輸了也不見傷心低落懷恨在心。對她好，她不覺得你在拉攏她，不會幫你多做事；對她不好，她也不覺得你在對付她，照常溫柔和氣，見你就笑。

我聽朋友向我抱怨方敏蓉這個女生的時候，立即覺得好崇拜她——這才是一個辦公室裡最頂尖的人才呀！辦公室裡正應該這樣：無論是被罵了還是被討厭了，都要在三分鐘內患上「失憶症」。對麻煩和困境一律渾不在意。永遠不跟別人計較。計較是嫉妒、防備等負面情緒的表現。經營好自己才是大智慧，萬事耿耿於懷是傻瓜行徑。不在意別人的眼光。我行我素才能活得輕鬆自在，在不需要團隊合作的時候，就不要太在意是否破壞團結。

總結出來其實就是那看起來很傻的四個字——沒心沒肺。很傻，卻很實用，即使不能讓你飛黃騰達，起碼可保平安。

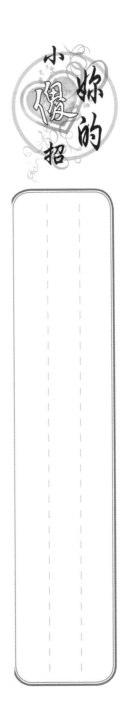

8.乖乖牌才是超級人氣王

人人都愛乖乖牌。小時候知道父母喜歡聽話的孩子，大一點知道老師喜歡聽話的學生，畢業工作了知道老闆喜歡聽話的員工。有時候人家對你的要求沒那麼高，只要聽話就好。

可是，聽話也要看怎麼聽。

Nina在公司人緣超好，大家都很喜歡她。因爲她很乖，無私心。

她辦事效率不算高，但好在沒扯過大家後腿。有事做的時候還算勤快，沒事做就跟大家一起哈拉。好幾個人一起工作，她很聽別人指揮，提意見的時候也不特別激烈，溫聲細語地說，然後睜大眼睛很專注地看著你，期待你同意她的方法。做錯了事，她從不辯白吵鬧，按你說的方法補救。

總之，Nina眞的好乖，乖得甚至有點「傻」。

後來，Nina請了一週病假。那一週裡，大家才更加體會到Nina的好。很多時候人們堅持己見，方案討論不出來，便沒有人去實施，總要拖好久才做完一件事。想想Nina在這裡，別人出的主意她都說「好」，事情也確實能辦得很好。

上司罵員工也不鮮見。這天，上司對著跟Nina一起進公司的一個女孩吼，很生氣的樣子。女孩子很委屈：明明不是她一個人的問題，大家都有錯啊，爲什麼只罵她一個？她不甘心便回嘴叫冤枉，上司被惹得火冒三丈，差點炒她魷魚。同事們更不開心，上司明顯心情更差了，這一天更難熬了。於是，大家紛紛一臉哀怨地看著被罵的女孩，然後想：要是Nina在就好了。

Nina病好回歸，受到同事們的熱烈歡迎。Nina沒個性的樣子眞是越看越順眼，又好相處又會做事，多好啊。

在一個公司裡，能力太強太耀眼的人眞討厭，就算他們溫和有禮平易近人，我們也不喜歡。我們會想：啊，有你在，我永無出頭之日啦。太笨的毫無工作能力的人一樣令人煩躁，恨不得趕出公司，我們覺得：哎呀，有你在，我事情怎麼做得好嘛。唯有聽話又有些能力的乖乖牌才是人氣王。跟他們合作很輕鬆，不需要多費脣舌，也不會令人嫉妒或厭惡，甚至一心想除之而後快。

裝乖也要裝得聰明，一味聽話是辦不成事的。當意見過多時，要整合一下，看看那些對自己做事比較有利，按照自己的方式辦好事。當出錯被罵時，哪怕上司罵錯了，先聽著，火上澆油地辯駁對誰都沒好處。遇到解決不了的事情，不要自作主張，虛心請教別人，也會博得乖乖牌的好印象。

做乖乖牌，其實是一種低調的聰明。

9.不管能力強弱，都別表現得想要太多

有野心的人倘若一開始就把野心表現出來，那麼多半什麼都實現不了。

Debby是一個很有野心的女人，可是所有人都把她當成什麼都不想要的小綿羊。

進公司的時候，她跟面試官說：這個行業是我的夢想，我只要置身其中就已經很開心了。她開出的薪水也不高。她的上司非常中意她，認爲她單純又有幹勁，好得不得了。

工作的時候，她很能吃苦，什麼都願意做，什麼都願意學，也不太在意勞動成果的分配，一副滿腔熱血撲在理想上的樣子，常常令人忍不住揉她腦袋——這樣熱情有活力的傻女孩多可愛！

Debby跟所有人說：我想要的不多，做得開心就好啦。連我也差點被她騙過去。

半年以後Debby升職，開了一個慶祝party，姐妹們起哄說：「瞧瞧！聲稱什麼都不要只知道埋頭苦幹的小傻瓜Debby居然那麼快升職了！」

Debby太開心，開始傳授獨家訣竅：「我這樣才能給上司、同事安全感嘛。」

「何解？」眾姐妹興致勃勃地問道。

「表現得很想升職，很在乎加薪，同事會有戒心啦。然後若有升職機會，上司肯定不願意找一個又能幹又有野心的呀，以防這人很快『幹掉』他。」

姐妹們鼓噪起來：「好呀，Debby，妳裝傻裝到連我們都騙！我們還真以為妳傻到無慾無求呢，還老擔心妳會不會被人欺負。妳好沒義氣！不行，今天一定要灌醉妳。」

人有野心，想要的東西很多，不是什麼壞事，反而是人發展的推動力。女人有野心或許不可愛，但是一定會變得更好！在這個過程中，控制和隱藏野心十分重要。

從某種程度上來講，這是一個「零和遊戲」，一個公司的資源就那麼多，妳想多佔，別人得到的就少，甚至得不到。

簡而言之：妳的快樂一定是建立在某個人或者某些人的痛苦之上的。自然，大家都討厭有人跟自己搶資源。所以，往往興致勃勃地表現出想要很多的人，一定不受歡迎。

妳的傻小招

Debby是聰明人，本身有點夢幻般理想的人容易博取好感，再加上Debby處處裝傻，表現出「我不和你爭」的樣子，自然受歡迎，大家也樂意多給她事情做。

多做事，意味著機會多。最後等待時機，關鍵時刻，一擊必中！

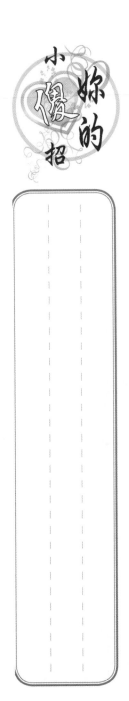

10.表現出旺盛的工作好奇心

有諺語說：好奇心殺死貓。但是在工作這件事情上，好奇心雖然殺不死貓，但有助於交出一份漂亮的成績單。

星子是個怪人，她進公司做的是行銷，可是她明顯對其他部門的工作也保持著旺盛的好奇心，即便學不到每個部門的精華知識，也要力圖把每個部門的基本工作弄清楚。同事們起初不以爲然，時日久了，星子這種做法的好處就表現出來了。無論哪個部門缺人手或者特別繁忙的時候，星子都能幫上忙。做得多，進步快，當然加薪升職也就快。

後來，公司送一批人到國外培訓，星子就在名單之中。培訓回來，大家精神奕奕，幹勁十足，星子也不例外。不同的是，星子不僅僅是利用在國外所學的東西去工作，還在空閒之時搜集當下有用的資料，堅持不懈，她似乎對於吸收知識有著無盡的興趣和動力。

當然，星子強烈的好奇心有時候又令人懷疑。有同事在她隔壁講電話，她從不顯出「很想知道人家在說什麼」的樣子，安安分分做自己的事情，顯得毫不好奇，不欲探究。上司最近經常找誰談話，星子也毫無興趣打聽是怎麼回事。總之，她對任何私事是沒有好奇的。有時，這樣會顯得跟同事疏遠、不合群，因爲沒有旺盛的好奇心，便也不會跟別人聊八卦。當然，星子人緣可不差，很多時候別人對她談起什麼，她只隨便說兩句，再一臉善意地笑說：「哎呀，我不懂耶。」

我常常戲謔星子這是「表面裝傻，內心藏奸」，星子反駁：「什麼奸？我這是最正確的好奇心。」

是的，對太多閒事顯露好奇，不僅降低工作效率，還會被人嫌棄，覺得妳好煩，不注重別人的隱私。把這些好奇心都用在工作上那就不一樣了。所有的工作都是枯燥乏味的，就像跑馬拉松。但是當馬拉松的奔跑一旦產生快感，讓人陶醉，人自然就可以堅持下去。

日本有位兒童心理學家曾經對東京的三千名國小學生進行了一項調查，詢問他們「學習的理由」，結果是，成績不理想的孩子絕大多數都是出於外在動機，比如父母的誇讚、獎勵，或者老師的批評；而優等生的理由多是「我喜歡學習」、「我對學習好奇心很大」。

內在的力量永遠比外在的力量大，而且持續力強。保持工作的好奇心，無疑是職場奮鬥一個永遠的動機。但是切記，好奇要用對地方。

妳的傻小招

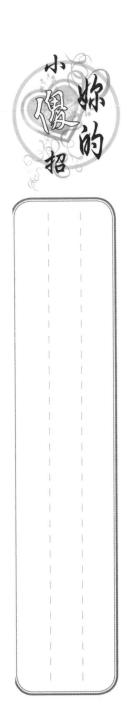

11. 情緒掌控力比能力更重要

情緒會影響能力的發揮，這是毋庸置疑的。

職場女性最不易避免的一個缺陷就是情緒化，這是女性的生理和心理共同作用帶來的一種天然缺陷。女人天生感情更豐富，更敏感。正向的情緒讓她們興致勃勃，工作賣力；負向的情緒就令她們興趣缺缺，效率幾乎爲零。

有些傻女孩就想，這是上天賦予她們的，管也管不住。而且情緒這種東西，一旦不能夠發洩出來，憋在心裡，反而會越來越糟糕。並且她們還有護身符：女人的身分。她們的心理活動如下：

男生會諒解的啦，我是女生嘛！

女孩子有點小脾氣才可愛啊！

習慣就好啦，不要那麼小氣嘛，不要跟女生計較啦……

工作的時候，所有人都是無性者。一旦進入工作狀態，如果還把自己當成擁有「特權」的女人，隨便生氣、任性，常常出現挫折感、失望、不滿，那就傻到不可饒恕啦！

小奈是個神奇的女人，在工作的時候，她流露出的情緒一直是跟同事、跟上司、跟客戶都相處愉快。我對小奈的神奇分外推崇，廣爲宣傳，然而大多數人聽到後都驚呼：這怎麼可能？她是不是在作假？

這個問題小奈自己回答說：

「很多時候，我也希望像一個小女生一樣，抱怨同事不好相處，暴打難纏的客戶，甚至把高跟鞋砸到老闆的臉上去……對，我也有那樣的日子，不管我遭遇什麼，我都想要發洩。可是我不能放縱。我知道一旦我發洩我的情緒，沒有人會認爲我還存在理智，沒有人會認同我，他們反而會因爲我的情緒妨礙了工作而指責我。

我記得有一段時間，我被調到網路服務部。辦公室裡全是女性，我們的職責差不多，但是負責的領域不同。我是滿懷激情去工作的，但是那一段時間我天天聽到她們抱怨：公司做得不夠好，客戶總說產品沒有達到他們的期望值。總之，她們覺得自己不被欣賞，覺得自己沒有做錯事，卻總是背負公司其他部門的錯誤。

一開始，我覺得這沒什麼，我做好自己的事情就夠了。後來，我發現，她們的負面情緒傳染了我，使得我也開始不滿、抱怨，我的工作效率驟降，遇到問題越來越不能冷靜……總之我變得糟透了。於是我知道我不能跟她們在一起，我要立即跑開，遠離她們。」

好好的一次姐妹聚會，變成了小奈開講座。但是我喜歡這樣，喜歡我們在一起討論的東西都有意義，而不是純粹地八卦。我點點頭，接著小奈的話說：「控制情緒不是一種假裝術，是一種能力，學不會的才是傻瓜。工作的時候，首先妳要隨時讓自己顯得愉悅，然後不要感染別人的負面情緒，遇到之後迅速跑開。接著，雖說不是所有的戰役都值得戰鬥，不是所有的問題都值得抱怨，但是遇到值得的問題，妳必須去抱怨和爭論。」

小奈鼓掌，連連點頭贊同我。姐妹們取笑我們：「看，平時總說她們傻，現在才明白，這才是眞正的聰明人！」

12.工作狀態嚴禁公主病

小女人總會有點公主病：自戀、嬌氣、任性。反正，小女人都長了一張求幫助的公主臉，時時刻刻需要被照顧、被寵愛。這就是公主病。

戀愛狀態需要犯點公主病，工作狀態卻嚴禁如此。工作是妳與人合作、妥協的地方，不是妳可以耍個性的地方。

西方人在很小的時候就教育孩子團隊合作精神。如果妳在工作中對別人說：「我個性就是如此，我不可能爲了工作改變我的性格。而且，我爲什麼要改變？」那麼妳簡直就是一個沒長大的小女孩，不適合來工作，適合待在家裡。這種話可以拿來對父母撒嬌，跟男友發嗲，但是絕不適合跟上司、同事說。妳以爲這家公司裡都是沒辦法跟妳配合的傻瓜，但是相信我，妳才是所有人眼裡不懂事的傻女孩。

Rose以前就是這種公主病重症患者，幾乎無藥可救。工作對她來講是一種遊戲。她家境富裕，從小衆星拱月。畢業以後到爸爸朋友的公司工作，不聽指揮，遊手好閒，偶爾做些工作，卻沒有章法，常常適得其反。她不僅不能做好自己的工作，還嚴重影響到公司裡其他員工的效率跟情緒。部門經理在請示了老闆之後，以一種非常委婉的方式告訴她：妳不適合這家公司。

Rose的表現令部門經理瞠目結舌，她主動跟經理握手說：「我本來也不想來這邊工作，都是我爸爸安排的。我想做的事情是開一間小酒吧，每天都能認識很多朋友。」在大家複雜的眼神中，Rose很瀟灑地離開了公司。

Rose眞的開了間小酒吧嗎？是的，那段時間她很開心，認識新朋友，開party。她把夜夜笙歌當成正經事來做。最後，她的酒吧只堅持了三個月就關掉了。

Rose又開始找工作，每份工作都做不久。她自以爲才能出衆，卻沒有人理解她配合她。說實話，我挺看不起這種富家女，我半嘲諷半勸解地對她說：「Rose，妳以爲妳眞的是公主嗎？Wake up！sweet heart。」

妳選擇了工作，妳就要把任性的舉動帶回家。在職場中，真正聰明的女人絕不會隨便發脾氣，對自己也有清醒的認識，不會武斷地認為自己可以做好所有事。她們分輕重、知緩急，知道什麼時候該發脾氣，什麼事情自己能做好，而什麼事情自己不擅長。

公主們切記，不要以爲此處不留人自有留人處。每個工作都是需要妳去適應它，而不是它適應妳。妳若帶著公主病，走到哪裡、做什麼都不合適。而且，妳不單單是爲自己工作，妳要學著把公司的方針和利益當成自己事業的一部分。簡而言之，妳要能夠實現自己的價値。不要以爲磨平了個性是傻的，不能在一個團隊裡摒除個性才是眞的傻。

13.說「不知道」的時候，心裡要裝著善意

很多時候，說「不知道」的人，都懷著莫大的善意，也是眞正的聰明人。

周小姐的學歷很高，智商也很高，但她卻有一個習慣，辦公室裡別人找她瞭解一些事情的時候，她的態度是「一問三不知」。可是周小姐的工作能力明明很出色，做事情有章可循，細膩周到。時間長了，衆人明白了：她並不是什麼都不知道，其實她心裡都明白。我朋友米米跟周小姐一起工作，她很疑惑地來問我：周小姐爲什麼要裝傻？是爲了遠離是非，還是爲了別的原因？

「其實細心的人都會發現，我們喜歡『老實人』啊。老實人可靠，不會耍陰謀詭計，跟老實人交往很安全。周小姐這種做法，就是透過表現出她的老實、可靠來獲得別人的信任，使別人不對自己設防，有利於工作和生活。妳想一想，如果妳有事情要別人幫忙，是不是第一個想到周小姐？妳雖然明知道周小姐總裝傻，可是妳是不是還是覺得她人很好？」聽了我的話，米米直點頭。

「當然了，周小姐這種傻也不全然是裝出來的，還有一部分是出於『大智若愚』哦。這種人呢，對於小事情向來不會計較，外表顯得愚鈍，其實內心很敏銳。她越明白，就越知道什麼時候該裝傻。妳要好好跟人家學哦。」我不停向米米說教，米米點頭。

「其實說『不知道』更多的還在於保護自己，如果員工都好能幹，上司如果嫉賢妒能，日子就難過了。『不知道』才能使自己免於獲得『功高震主』的罪名。人越低調越不容易被無故中傷。」

米米腦子很靈，插話道：「我想起來了，周小姐雖然總說自己不知道，但經常反問別人『你怎麼想？』我被問到以後，就BLABLA什麼

都告訴她，還覺得自己好滿足、好被尊重。說完以後周小姐總誇我呢。她好聰明！」

「是啊。妳看，這樣妳覺得自己被關注、被重視了。而她呢？則有效地發掘了妳的想法，甚至是一些資源。即便妳現在想明白了，也不會討厭她，對不對？這就叫做含而不露。」說到這裡我想到一個問題：「周小姐平時會不會與人結怨，攻擊別人呀？」米米連忙道：「不會啊，她不太跟人爭什麼。但是她做事一定會讓大家都看明白，記得她的功勞！」我微笑點頭：「如果裝傻不是爲了攻擊別人，那她很不錯哦！不狡猾，不會損害公司和別人的利益，可以安心交往。」

我內心覺得，周小姐實在是很出衆的職場女性。有些女孩子裝傻是眞正擁有不爭之心，遇到利益分配，她們看得淡，不搶不怨。當被人問起，就傻傻說不知道或者開句玩笑。她們眞的好善良，但是也容易被大家忽視，由此得不到升職加薪的機會。周小姐明顯不在此列。其實說「不知道」的時候，精髓就在於「裝作不知道」。內心與人為善，自然而然說「不知道」，其實可以解決很多問題。

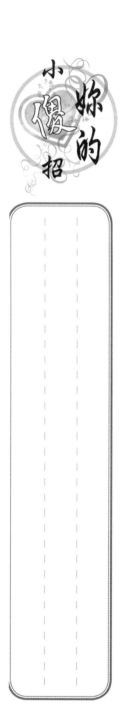

14.唯唯諾諾是真傻

工作中我很喜歡Miss Yes，我認爲她們傻得可愛。但是Miss Yes做過了，變成唯唯諾諾的小可憐，我就不喜歡了。

我相信很多人都見過這種Miss Yes：她們對於同級同事用命令的語氣發出的請求來者不拒；或者週末即將結束工作時，上司突然下達命令，要求她週一之前完成某件工作，她亦連眉頭都不皺一下地答應下來；甚至於，清潔阿姨搬不動水桶，同事私人信件沒時間去拿，團隊舉辦活動需要志願者……她都是首選人物。

哦，她任勞任怨，不發牢騷也不嘮叨，加班不嫌累，多做不叫苦。升職加薪沒有她，出國培訓不想她，沒關係啊，反正她成日笑容可掬、謙和克己。她最大的優點是不怕給自己找麻煩，卻從不讓同事和上司爲她操一點點心。

同事心裡冷笑：本來以爲她總說Yes是裝傻，沒想到這樣好欺負，卻是眞傻。

久而久之，Miss Yes遇到萬事都反射性地答Yes，至於她最後要爲這麼一句Yes付出多少代價、承擔多少責任，都要等到她完成這個Yes的時候才能想清楚。而工作的事情，是允許妳反悔的嗎？當然不能！接著Miss Yes要拼命壓抑內心的煩躁、苦悶、焦慮等一切洶湧澎湃的負面情緒，然後以淡然又溫存的笑容面對別人，使得別人以爲她眞的無慾無求可比聖人！於是一句話就此誕生：「吃虧是福」！好一個「福氣」，堅強地證明了她回答Yes不是因爲傻氣。

我遇到好多這種女人，所以我才統稱她們Miss Yes。從心裡學的角度來講，這些女人自尊感低下，所以她們才會以不假思索地答Yes來取悅別人，從而獲得別人的認同。但是，這不代表她們眞的愚蠢，她們答完Yes顯然是會意識到錯誤的，只不過她們根本沒有勇氣反悔，沒有勇氣糾正自己的Yes所造成的錯誤。最後變成唯唯諾諾、忍氣吞聲的模樣，成爲所有人眼中的傻瓜。

我想起來一個小事例。有個朋友在總公司高層來視察工作時負責全程陪同。當視察工作結束，這位高層對她十分滿意，在本地老闆面前對她大加誇讚，說她英文好、能力強，然後不經意地問了一句：「妳一定在海外留過學吧？」這位可憐的Miss Yes朋友反射性地回答了「Yes」，可是她卻是本地出產的MBA，她直屬上司的臉色立即變得很難看。Miss Yes心裡叫苦：「我根本沒有想過要編謊話啊！」

可見，唯唯諾諾是一個非常傻的習慣，大家要有則改之、無則加勉啦！

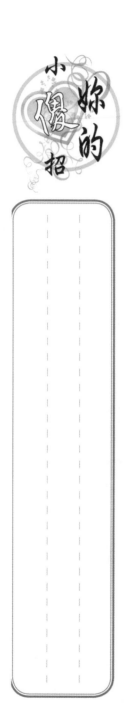

15.辦公室裡不相信眼淚

很多女孩子都有類似經歷，在公司裡被上司罵哭過。我感興趣的是：有多少女孩子當著上司的面哭，又有多少女孩子背著人偷偷哭。爲此，我發Email給朋友們做了個小小的調查。

結果跟我預料的差不多：曾經在上司面前哭得稀里嘩啦的女生如今多半還是小職員；而背著所有人躲在暗處一個人偷偷哭泣的女生，如今多半已升職加薪。在辦公室裡，大家憑能力做事，眼淚毫無意義。

前幾日跟Sue聊天，促使我做這個小調查。Sue說當年進公司沒多久她便犯了錯，其實不是大不了的錯誤，但是被罵得好慘，那個上司說話要多難聽有多難聽，罵得她差點辭職不做。

她心中腹誹：做錯事被罵是她活該，她願意認錯，可是有必要窮追猛打嗎？她是女孩子啊！那次覺得面子裡子全部丟光，在誰面前都抬不起頭。

被罵的時候眼淚在眼眶裡打轉，不過硬憋著沒哭。這邊上司讓她回自己辦公室，那邊她立即躲進洗手間，哭得很凶，用掉半卷紙巾。

也是從那天以後，她養成了一個習慣：一旦工作不順心，不管是被上司罵了還是被同事欺負了，想哭的時候就躲進洗手間，一兩個小時不出來，一邊哭一邊自我反省。哭完了，再回去把事情做好。

我不由得地插一句，「曹雪芹說女人是水做的骨肉，可是妳看，女人進了職場，連哭都不能哭了，分明變成鋼筋混凝土做的骨肉。」

Sue笑了，搖頭道：「不是不能哭，是不能讓別人看見。辦公室裡大家只相信妳做出的成績，可是沒人相信妳的眼淚。」

有時候再傷心，也不能哭給同事或上司看。即便所有人都知道妳哭了，也不能表現出一副受了天大委屈的樣子，要笑，要裝作「這件事我已忘記」，裝作「安啦！我不在乎的，你們放心」。

坐在辦公室裡，別讓大家以爲妳總是難過，別讓大家覺得妳記得每次傷心。

妳越裝傻，大家越不會對妳怎樣，還會提供幫助；妳記得越清楚，大家越防備妳。

不是有句話說「君子報仇，十年不晚」嗎？

誰都怕妳成為那種「君子」。

我不是教妳狡詐如狐、心機深沉、深藏不露，我只是要說，妳沒必要讓所有人都看到妳性格裡軟弱的一面。

每個人都有軟弱的時候，每個人都會同情弱者，但是辦公室不是妳博同情的地方，妳若要別人同情了妳，便是叫別人開始懷疑妳的能力。

就如我前面所說的：進了職場，妳便是鋼筋混凝土做的骨肉，妳要讓自己不被軟弱打倒。在工作這件事上，向來是勝者為王、強者為尊。

妳的眼淚哭不倒長城，只會哭掉妳的面子、別人對妳工作水準的認識，以及老闆對妳的信心。

妳的小傻招

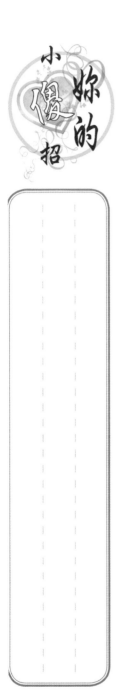

16.真委屈還是假委屈，取決於「傻」的層次

在工作上受委屈是司空見慣的事，若有人能不受委屈地工作，那才是怪事。不過委屈也有眞假之分。

有一次楚心怡負責一個大的展覽會，這大概是他們公司那個年度最重要的一個展覽會。楚心怡殫精竭慮、精益求精，她還指望著這次展覽會的成功給她帶來不菲的年終獎金呢！

在楚心怡整個團隊的努力下，展覽會從佈置到安排，一切井井有條。客戶當天進場之後表示分外滿意。然而有時候，計畫趕不上變化，安排擋不住意外。就在極爲重要的Power Point簡報正被展示時，突然螢幕黑掉了。原因被很快查出來：是團隊裡某個員工在場內肆意走動，絆到了投影機的插座，才造成Power Point簡報展示被迫中斷。問題很快被解決。但是這個不愉快的插曲致使整個展覽會的效果下降了三成。展覽會結束後，楚心怡被上司叫去辦公室臭罵一頓。楚心怡很委屈：「那個插座又不是我拔掉的，我怎麼知道有人亂走絆倒，連累插座掉下來？」

上司聽見楚心怡頂嘴，怒極攻心，大吼道：「妳不會把所有員工都集合起來不讓他們亂走？妳不會把插座用膠帶固定住嗎？總之，妳本來有一千種方法避免這種事情發生！」

楚心怡覺得上司無理取鬧了。她陰沉著臉色，黯然地從上司辦公室走出來。回家以後，楚心怡連晚飯都沒有吃，想了一個晚上，終於想明白她該怎麼做了。

從那以後，楚心怡負責的每一場展覽會，插座都是用膠帶固定住的。同事們抱怨每次貼膠帶、撕膠帶是一件很無聊的事，甚至有一個同事向上司訴苦。上司找楚心怡說話，楚心怡裝傻驚詫道：「這是您教我的啊。上次我讓您罵醒了，覺得您說得好有道理，是我的錯，所以，我按照您說的辦法實行，保證以後再也不犯類似的錯誤。」上司頓時無話可說，還覺得楚心怡這女孩挺有意思，很不錯。兩年後老闆提拔楚心怡，給她升了一級。她來到老闆辦公室裡誠懇地問：「我想知道，我這兩年努力工作，只能夠獲得升一級的獎勵嗎？如果您認爲我的工作能力只適合做這個職位，那我實在沒有臉面在公司待下去。」最後，楚心怡連升兩級，薪水三連跳。

我想很多人和楚心怡一樣，在實際的工作中，總會遇到各種委屈。很少有人是透過把主管幹掉，才坐到主管的位子上去的。工作就是這樣一回事，妳要靠自己，努力完成上司交代的每一項工作，承受上司的每一次怒火，不管它是因爲意外還是因爲妳失誤。妳一定要有勇氣和信心承受每一項工作和指責帶來的委屈，哪怕妳認爲那是無理取鬧。只有妳裝作不在意壓力和委屈地堅決執行了，妳所謂的「委屈」才有價值。其實，這都是一些假委屈，裝裝傻，再加上一點點的執行力，就可以完美地跨過去。

但是有一些眞委屈，卻不能裝傻、獨自吞下。就像楚心怡，她的工作和她最後獲得的回報嚴重不成比例的時候，她沒有沉默咽下，而是委婉地跟老闆提出要求。「傻」有「傻」的層次，面對真委屈和假委屈可是大不相同的哦。

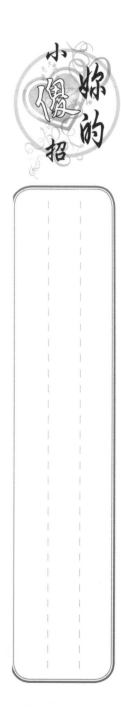

17.不管多強悍，妳仍然是個女人

有時候女人在職場上，也要心安理得地表現得像個女人，而不是做男人婆狀。女人要學會利用自己的女性資本，從而取得對自己有利的局面，獲得理想的結果。

Shirley在一家商務公司工作，曾經負責一個大項目。連著好幾個月，Shirley跟一個客戶密切合作。她的客戶管理團隊是一群中年男性，她是這群人裡唯一的女性，也是這群人跟她的公司之間唯一一個聯絡人。

在將近半年的時間裡，Shirley往返於兩個城市，每天忙碌十二個小時以上。她的工作很多很繁雜，她要對申請高級職位的人進行面試，還要安排衆多工作的交付期限。

這段忙碌是有價值的，她同她所負責的團隊成員，還有多數高層管理人員建立了良好的關係。

這段時間，公司突飛猛進地發展，董事們一直覺得，照這個情勢發展下去，公司很快就能夠上市了。

一天，某位董事對Shirley說：「妳不知道有妳在辦公室裡讓人多麼開心。」Shirley非常高興，她以爲這位董事在誇獎她的工作態度，並且對她的業績給予肯定。誰知根本不是這樣，那位董事接著說，「妳是辦公室裡最賞心悅目的一朵花。」

Shirley的心頓時沉入谷底，她拿著知名大學的碩士學位、不菲的薪水，以及漂亮的履歷，結果人家只當她是一朵賞心悅目的花。

Shirley沒有當場發作，她裝作十分高興的樣子，露出一個花瓶般的「傻笑」，謝謝這位董事的讚美。然後轉身離開，繼續做她的工作。她想：早晚有一天，我會來「報仇」的。

這一天沒有讓Shirley等太久。一個月後，這位董事要求Shirley參加一個重要的銷售會議，負責向客戶展示他的產品。Shirley笑容滿面、語氣柔和地婉言拒絕。

這位董事立即表現出十分憂慮的樣子。Shirley知道，這個任務不是任何「一朵賞心悅目的花」可以完成的。

當這位董事再三請求的時候，Shirley說：「你確定非我不可嗎？我不過是一朵賞心悅目的花！」這位董事立即明白了Shirley在意什麼，連連誇讚Shirley的能力、智慧、經驗，即便沒有說「對不起」，大概也就是道歉的意思了。

儘管現代社會給女性發揮才能、獲得地位的機會，但是總有一些不公平。

人們常常以容貌和性別這些方面來看待女人。在職場上仍然佔主導地位的男性，他們的想法和慾望一定程度上也主導了辦公室的整體思想。

「性」吸引是人類最原始的吸引，男人和女人在一起工作，性別差異、社會觀念直接影響了他們對問題的看待方式和交流方式，最後不可避免地會出現超出工作意義上的關係。

我們知道，男人講黃色笑話，女人賣弄風情，幾乎是無法禁止的事情。

職場不可能刨除性別因素，即便妳盡可能避開它，不去談論，也不去想。無論如何，想辦法做好自己的工作，發揮自己的才智才是重要的。

我在前面小節提到過，美貌是一種利器，但是不要本末倒置，在職場真正制勝的是能力和智慧。

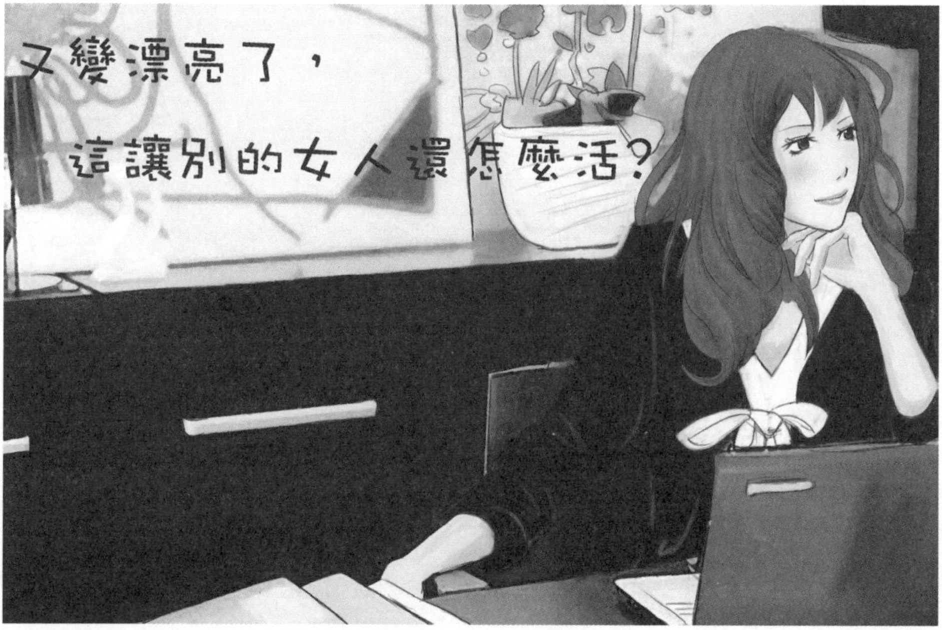

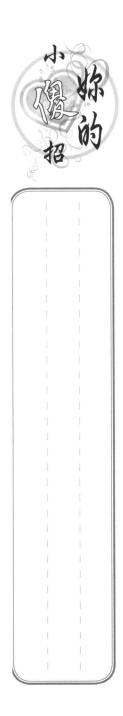

18.拿妳該拿的錢，沒有什麼不應該

發生在女人身上最可怕的事情，是付不起帳單，無錢度日。

我承認我對錢異常執著，這大概源於我小時候看到的一些事情。我母親的朋友結婚二十年後跟丈夫離婚，她一直是全職太太，離婚後她沒有工作能力，只能靠分得的一點錢度日，每天都在爲開銷發愁。還有一位父母的朋友，丈夫去世了，這位朋友只有自己教書的微薄薪水，卻要養活兩個孩子，我眼看著他們一家的生活水準直線下降。

錢太重要了！

於是，當我的朋友畢業找工作的時候，我勸大家去最賺錢的行業。然而她們大多沒有聽我的，她們都是有夢想的女孩，她們工作不是爲了賺錢，而是爲了興趣。所以，她們有的人去了時尚雜誌，有的人做了新聞記者，有的人做了教師，還有的拿家裡的錢自己開工作室。

而我，只有看到銀行存摺上的數字跳躍式發展的時候，我才有良好的感覺。

很多時候，女人總是對於金錢羞於啓齒，不論內心怎樣想，表面上還是要裝一裝視金錢如糞土的「傻樣」，大概因爲男人喜歡。

好吧，如果妳對錢眞的不那麼執著，那麼這副「傻樣」我也是喜歡的，眞的。但如果妳不是，妳甚至裝得也不像，常常從行爲裡露餡，那麼幹嘛裝出那副樣子呢？

妳裝傻的一個前提是，妳裝出來的樣子和妳的本性沒有太過悖離。否則，妳就是個笑話。我從不掩飾我對金錢的熱愛，金錢和鎂光燈都是會讓我暈眩並且熱血沸騰的東西。

有時候我甚至表現得更爲誇張，對，誇張一點也是好方式。尤其是在公司裡。這樣妳要求加薪的時候起碼老闆不會太意外，他知道：啊，妳就是這樣的人。

說到加薪，我知道很多女人有這種通病：她們不能正視自己的價值，因而總是覺得自己要求太多了。不不不，恰恰相反，女人要求太少了。妳把薪水看成妳所需要的，而不是妳自己值得的。這是最大的癥結。

我沒有辦法計算出每個人的時間、才能、技術等能換成多少錢，但是我可以告訴妳：很有可能，妳的老闆付給妳的錢遠遠不夠。

我告訴妳一個大略的估算方法：首先妳要全面調查和妳同一職位的人群普遍拿多少錢。然後妳再比對一下自己的所得，不管多寡，先別急著抱怨或者慶幸。第三，妳把妳自己做出來的成績整理成書面文字。最後，妳可以要求加薪了。即便妳沒有得到想要的薪水，但起碼妳開始讓老闆思考，妳值得更多。

最後我要說到，我最討厭一群不知道是「真傻」還是「裝傻」的傻瓜。我常常遇到一些演說家、作者、插畫師、藝術愛好者、設計師等給人家免費做工，不計報酬。

我知道他們有自己的「價值」準則，他們要成就感、滿足感，他們有表達慾以及極強大的自尊心。他們覺得這些足夠補償他們的勞動了。

我要說，心理回報和專業勞動的價值之間絕不能劃等號。人的勞動一定要有價碼，妳不是義工，不是在做慈善。

妳的傻小招

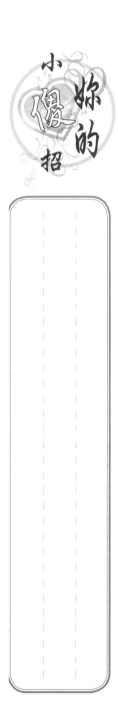

19.嚴肅的業餘愛好令工作不再痛苦

工作是最重要的事情，它給妳錢，讓妳生活，佔用妳大部分生命，讓妳不再空虛。但是，生活中如果只有這一件最重要的事，每個人都會崩潰的。妳必須培養一個嚴肅的業餘愛好。

岑悅是知名的文編，經過她的魔力之手寫出來的文案，每每令人驚嘆，吸引人們的目光，有些甚至成爲社會流行語。自然，由她負責文案的產品宣傳必然大獲成功，產品銷量不俗。

岑悅剛剛嶄露頭角的時候，很多同行甚至前輩都不以爲然。他們一致的觀點是，創意是有限的，一個人再風光也就這幾年，最後終將落入俗套。然而岑悅令人跌破眼鏡，她牢牢霸佔住「文案女王」的寶座近十年。她的文案創作似乎從未有過瓶頸，總是保持著高質量。

這是爲什麼？

岑悅在接受訪談的時候說：「這十年來，我堅持每天看一部電影，每個月要去旅行一次，不論遠近。起初因爲這是我的興趣愛好，沒有辦法割捨；然而最終我發現，這使我做工作變成一件快樂的事情。然後我觀察身邊的人，那些有嚴肅的興趣愛好、特別會玩、看起來成天傻樂的女孩子，居然都是工作非常出色的。」

我是岑悅的fans，同樣做爲文字工作者，我對她撰寫文案的功力十分佩服。看過這期訪談，我有種找到知己的感覺。

是的，培養一個嚴肅的業餘愛好，徜徉其中傻樂，不僅會把人從枯燥乏味的工作裡解救出來，還能促進工作本身。

人的思維不是一條直線，它是一張網。妳把它編織得越大，妳所得的就越多，當然，這是要在妳能力控制範圍內。

岑悅每天看電影、每個月去旅行是滿足自己的愛好，給忙碌的心靈一個休憩的時間，注入新鮮的能量。但是文案這種創意的工作，正需要這種能量。

他們一拍即合，相親相愛。

當工作變成快樂的事，人身上散發的都是正能量，頭腦也會比往常更

活躍，注意力也會更專注。

這種女孩雖然看起來總是一副「傻氣快樂」的樣子，其實她非常聰明，懂得勞逸結合，善於發掘工作和生活的潛能。

必須明確的一點是，這種促進工作的業餘愛好必須是「嚴肅」的。

類似泡夜店、閒聊、逛街這些，通通不能算作嚴肅的業餘愛好，至多只不過是一種休閒娛樂方式而已。

何為「嚴肅」的業餘愛好？它一定是建立在某種專業基礎之上的，能夠獲取一定知識，或者掌握某種技能的。

所以，從今天開始，選取一個嚴肅的業餘愛好，一起來做個聰明的「傻氣卻又快樂」女孩吧！

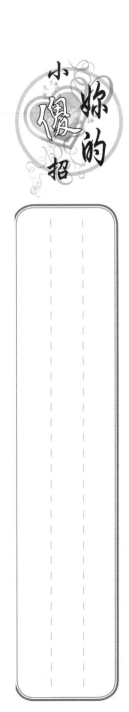

20.跳槽就像找老公

找工作就像選老公。憑著介紹人的推薦，看看對方檔案，雙方看著條件基本合適，就登記註冊結婚；若條件不合適，沒有姻緣也可交個朋友，留下美好回憶。

不同點在於，找老公是想過一輩子的，找工作可沒人願意做一輩子。跳槽是必須的。很多時候妳沒辦法幹掉主管，然後坐到他的位置上；但是透過跳槽，職位、薪水會節節攀高。

這一點不同不妨礙將二者進行類比，跳槽與挑老公的程序和感覺基本上是一致的。跳槽是因爲不合適。即便剛開始覺得合適，但是隨著妳自身的發展和公司的發展速度不匹配，日漸不合適憒而跳槽，沒什麼不對。當然這種速度的不匹配，必然是妳的發展速度高於公司，否則就是妳被公司淘汰，而不是自主跳槽了。

我認識好多女孩在一家公司待久了，感情深厚，工作習慣和節奏都跟這家公司息息相關，所以明明升職無望、加薪渺茫，仍然顧慮著此間的同事人情等因素，不願跳槽。這種激烈的矛盾積壓在心裡，工作時她們充滿怨念：做了那麼多，仍然得不到應有的回報。然而妳聽她們嘮叨，剛開始時會勸說她們跳槽，她們又藉口多多：

「老闆人很好啊，很溫和，不會隨便罵人。」

「同事之間相處久了，好不容易磨合成現在這樣，換一家公司，又要重新經營人際關係，好複雜、好麻煩啊。」

「不要啦，現在到處都不景氣，說不定別的地方還沒有這邊好。」

「我習慣在這裡做啦，換個地方我怕我會不適應。」

……

總之，她們一邊抱怨位卑職低賺錢少，一邊又沒有勇氣跳槽。就好像跟老公實在沒辦法相處，又因爲習慣等等原因暗自忍耐。關鍵是，老公還有可能爲妳做點改變，公司可不會。不跳槽，就等著枯死在這家公司吧。

說到底，賴住一家公司死都不跳槽的女人，不是因為沒勇氣，就是因為沒自信。

跳槽是要擔風險的，人人都害怕跳槽以後反而更不如意。傻女孩，沒聽過一個詞叫做「騎驢找馬」嗎？女孩子不要太死心眼，男友都可以找備胎，爲什麼工作不可以！在工作這回事上，當妳決定換一個環境，那麼三心二意絕不是什麼可恥的事情。等眞正看上了某家公司，再跟自己的「現任」回首say goodbye，風險大大降低。

沒自信的女孩分兩種：

一種是有能力無自信。這一種女孩子是根本還沒認清自己的價值，只知道埋頭苦幹，勤奮得像頭牛，即便腹誹薪水不平衡，也不敢隨便提要求。審視一下自己，抬頭挺胸買幾件精明幹練風格的套裝，做個嫵媚又端莊的髮型，看著這樣「能幹」的形象，想想以自己的能力若不會自慚形穢，那麼別再傻了，大膽相信自己，跳槽追求更好的待遇去吧。

另外一種女孩是無能力無自信。這就令人無話可說了，能力是自信的根本。當然，如果妳是絕世花瓶，妳一定自信滿載，不在此列考慮。無能力就不要想著跳槽了，有份工作可以糊口就要謝天謝地了。沒辦法，人傻，不努力，不爭氣，老天爺也沒辦法救。

妳的小傻招

第四章

社交女王的裝傻心經

1. 攀龍附鳳是人之常情，裝清高已經行不通了

一個貴人抵一百個熟人。貴人願意助妳一臂之力，比熟人傾家蕩產帶來的好處都要多。所以攀龍附鳳已不能成爲觸犯道德底線的理由，都別裝清高，我們只不過是要活得更好。

Vevina從小就是個優秀的女孩子，當學生時功課第一，工作以後業績出衆，但升職一直沒她的份。好不容易等到原來的主管跳槽走了，位子卻又讓一個新來的人佔領了。

有一次在茶水間，聽說現在的主管是老闆的侄女，來這裡鍍鍍金便要調到總公司去的。Vevina意識到，自己還是有機會的。只是，該如何抓住這個機會呢？

Vevina的媽媽是一家園藝會館的老會員。這天會館舉辦活動，請會員以及會員的家人一起參加。Vevina閒來無事，拗不過媽媽的強烈勸說，便跟媽媽一起參加活動了。Vevina和媽媽趕到的時候，會館裡已經來了很多人。

Vevina注意到有位太太身邊聚集的人最多，便情不自禁地走過去，想知道他們在談論什麼事。只見那位太太在展示她園藝作品的照片，周圍的讚嘆聲此起彼伏。

媽媽小聲對Vevina說，這位太太是整個園藝會館最有身分的貴婦人，住在一棟有花園、泳池的別墅裡，大家都很羨慕她。

Vevina聽完媽媽的介紹，打量了這位太太一會兒，竟然覺得有些眼熟。「我一定見過她！」

Vevina想，「在哪裡呢？她是誰呢？」忽然福至心靈，Vevina想到了：是在去年的公司尾牙聚會上，她是老闆的太太！Vevina立即把這位太太的身分告訴了媽媽，媽媽反應很快：「那妳若跟她聯繫上，以後升職加薪不是都很容易了嗎？」

Vevina失落起來：「不啦，我們跟她又沒有交情，她憑什麼幫我？再說，這樣上位被人家知道了好丟臉！」

Vevina的媽媽不以爲然：「妳就嘴硬吧，我不相信妳心裡一點想法沒有，在媽媽面前還裝什麼清高。沒交情就去套交情啊……妳不用管了，看我的。」Vevina扁扁嘴，她心裡的確認爲老闆的太太是她升職加薪的一條捷徑，又怕這樣做以後被同事知道了瞧不起她。

薑還是老的辣，沒多久，媽媽跟老闆的太太交情日日深厚。某天，媽媽假裝不經意發現了這

位太太的身分，然後故作驚訝道：「哎呀！我女兒在妳先生的公司工作呢。」之後猛誇自己的女兒多麼精明能幹、聰明乖巧。

從此以後，Vevina在這家公司的前途一帆風順，稱呼老闆太太爲「阿姨」，差點認了乾媽。公司裡根本沒有人瞧不起她，只會充滿羨慕和嫉妒，又無可奈何。

發現貴人，不要想太多，趕緊去認識，去交往。他們位高權重高高在上，眞的想要幫助妳，絕不會對妳索取過分的報酬，或者提出損害妳的要求。

也不要擔心被人瞧不起，這早已不屬於道德的範疇，做出一副瞧不起妳樣子的人，不過是吃不到葡萄說葡萄酸罷了。

2.滿足別人的虛榮心是妳的義務

滿足別人的虛榮心，就能很容易博得別人的好感。這是顯而易見的，因爲妳要讓大家喜歡妳，就得讓人覺得快樂。

Bella就是個特別讓人愉快的人。我隨朋友參加過幾次主題party，Bella大概是圈中名人，幾乎每次party都能見到她。聽她跟衆人談天，是一種享受。當然，我想跟她談天的人也會感覺很享受。

「哇!妳的鑽戒好大，閃得我眼花。很貴吧?妳先生好疼妳!」Bella驚呼。

當然也有人不喜歡Bella，小默就是其中之一，她在我耳邊輕聲鄙夷道：「妳看，Bella又在大驚小怪。誰不知道嵐嵐姐嫁得好，老公有錢又會疼人!」

我微笑不語。小默還不明白，即便是衆所周知的好事，當事人絕不介意別人無數次提及，無限替自己宣傳。Bella這招看似很傻很魯莽的明知故問，一定在嵐嵐心裡留下了不可磨滅的印象。

細心些會發現，明知故問是Bella常用的裝傻招數。之所以這一招屢屢能夠得逞，並且爲Bella帶來好人緣，歸功於Bella會問。

有些人也喜歡明知故問，就像我身邊這位保養得宜的女士，只見她上下打量著身邊另一位女士，之後裝傻道：「我今年快四十了，冒昧地問一下您的年齡?」那位女士的臉色頓時難看起來，而問話的這位女士一臉得意地走開。我敢打賭這位女士也不過得意片刻，她一定終生不得意之處多多。

明知故問，滿足別人的虛榮心，可以博來好感，可若用這招來滿足自己的虛榮心，則愚蠢至極，分明是要做全世界的女性公敵。

Bella大呼小叫的聲音又傳了過來：「好羨慕哦！」小默不屑地看著Bella，低聲道：「丟臉死了！」

我知道小默愛面子，即便心裡充滿了對人家的羨慕嫉妒恨也絕不宣之於口，生怕自己沒面子。比起來，Bella就像個沒見過世面的率性小女孩，羨慕了就說羨慕，兩眼冒星星，一臉崇拜地看著對方。可是不知道多少人愛Bella這股「傻氣」。

直接了當地表達推崇、讚美、羨慕等情緒，或者裝出一副崇拜、讚嘆的樣子，也是滿足別人虛榮心的訣竅。礙於面子什麼都不表達，看起來一副高深莫測的樣子，對於旁人也只不過是匆匆過客，不會給人留下什麼印象，更別提博得好感了。

當然，無論是明知故問，還是頂禮膜拜，這些「傻招」都要有個限度。表現得太過，顯得做作，反而不討人喜愛。

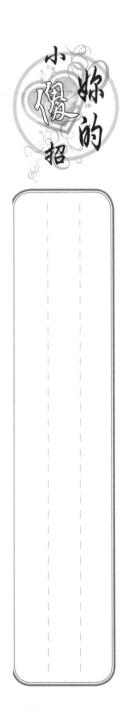

3. 愉悅的話題才能帶來愉悅的關係

如果一個話題不能帶來愉悅歡快的氣氛，妳的反應是什麼？大概是索然無味地傾聽，或者逃避吧。既然如此，何不談論愉悅的話題呢？尤其是在第一次跟人見面的時候，這是建立良好關係的開端。

我跟露露認識的時候，一見面就被她清純活潑的形象征服了。朋友介紹完我們彼此，露露就揚起一個大大笑臉跟我說hello。那時，我感覺這個陰天的網球場裡射進了一道陽光。朋友們下場去玩，我和露露坐在一邊休息。露露沒急著打聽我的職業、家庭背景，倒是簡單介紹了一下自己的情況，然後就開始聊起自己的興趣，以及剛開始學打網球的糗事。

那時候正當經濟危機，到處都不景氣，朋友之間聊天總是相互抱怨這世道。露露卻對此隻字不

人前還得說人話！

提，彷彿她毫不受影響。不得不說，我這段日子以來，最高興認識的朋友就是她了。她特別能夠把握聊天的節奏，既不唐突，又隨性率真。

後來，露露有事請我幫忙，我一般都不會拒絕。在那種愉悅的氣氛裡，對露露來說很重要又不好辦對我來說卻很容易的事情，我都樂意出手相助。這道理很簡單，妳讓我快樂，我就以讓妳快樂的事回報。聽起來似乎很功利，卻與真心絕不衝突。

這段愉悅的友誼，從一開始，露露就做得非常好。她第一次出現在我面前時，形象自然活潑，好有親和感。她介紹起她的工作和家庭時，態度俏皮可愛，說到興趣愛好、品味都神采奕奕，足見涵養。最關鍵的是，在那麼不景氣的沉重環境裡，她偏偏避開了類似話題，所說之事都讓人身心愉悅。她不談政治，只談風月，而且不說空話，言之有物。我一下子就喜歡上了她。

露露眞的對經濟、政治不感興趣嗎？當然不！她在跟我裝傻，我知道。事實上，我們都在裝傻，好似自己對現在的經濟環境、政治狀況等沉重的話題不感興趣一樣。怎麼可能？我們認識了，又花心思交流，就是希望能夠藉由彼此打開一扇窗，讓有些事情變得簡單容易，讓有些錢更好賺，以後的路更好走。

當時，既然我們沒有坐在談判桌上，而是網球場裡，也就是說，未來的一切還只是模糊的可能。我們的首要任務是給彼此留下好印象，建立交情，當然不能聊那些沉重的話題，使得大家心情受影響；有爭議的話題更是提都不能提，以免引發衝突。對於初次見面的我們來講，最重要的是能輕鬆自如地交談。

這裡有一條前提，我們都不是腹中空空的草包女人，即便我們開玩笑、說俏皮話，也透露了我們的內涵和氣質。我們友情的基礎，還是眞正的實惠和優雅的舉止。

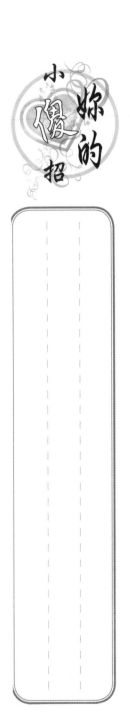

4.妳仰慕他，就努力去追隨他

有一種仰慕，於精神之中產生，無聲地改造人的思想。被仰慕者，通常我們稱之為——偶像。我這裡所說的是活生生的、現實裡的、你能見到的人，並非明星或話題人物哦。

水水說特別仰慕某作者，她的文字精悍犀利，令她驚為天人——當時，這位作者還未出名。然後，水水就好像走火入魔一樣，想盡各種辦法結識這位作者。她先是混跡那人常常出現的網路社群，後來又想方設法加入她所在的聊天室。

有一次在聊天時，碰上作者冒出來說了幾句話，水水激動得不能自己，趕忙湊上去搭話，最後終於跟她的偶像互相加了MSN。那時候水水讀大一，除了忙自己的學業以外，就是忙著給各大報刊雜誌投稿，發表一些文章，以求畢業後能找到工作。在這些忙碌之外，水水最享受的，就是跟她的偶像在網路上聊天。哪怕是八卦，只要是跟她一起聊，水水都是滿心歡喜的。

後來，但凡這個作者在社群做任何活動，水水都大力支持，還經常在各大論壇發表給她以及她的文章之評論，為她吸引了大批讀者。水水儼然成為這個作者的忠實追隨者。

當然，水水也在同她的交往中，學到了很多東西，比如：古典文化的學習方式，有哪些好書推薦，或者是寫作筆法的運用等等。等到水水大四，這個作者也終於從千萬網文裡殺出一條血路，出版了自己的作品，並且一炮而紅。水水興奮地約她出來慶祝，四年的網路情誼使她們一見如故，瘋到半夜才回家。

水水畢業了要找工作，學的是中文，一心想做編輯，面試上屢戰屢敗，屢敗屢戰。後來一次面試，水水提及自己跟那位正當紅的文字小天后之間的友誼，面試官當下拍板錄取了水水。水水第一份出色的業績便是出於簽下了她偶像的一本新作。仰慕這種感情很微妙，融合了喜愛、敬慕和欽佩。倘若現實中有某個人令妳仰慕，我希望妳會像水水那樣，千方百計地結識他、追隨他，跟他發展出一段深厚的亦師亦友的情誼。

這幾年，無數人說水水傻，跟這樣空有才華沒有名氣的人交往，得不到任何好處，白白浪費自己那麼多時間。水水很執拗，不聽勸，一路「傻」到底。最後，她反而是收穫多多，滿載而歸。不僅文筆漸好，人脈也越來越寬廣。一個讓妳仰慕的人，必然在某方面造詣頗深，才華、技藝，或是人格魅力。這些突出的品質，即便不能為妳帶來最實際的利益，妳追隨日久，不管是潛移默化還是刻意為之，學到十之六七，對自身已經是莫大的提高了。能堅定不移地追隨自己仰慕的人，看似很傻，實際上是眞正的大智慧。

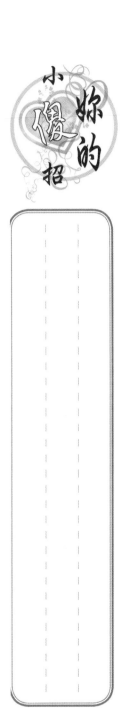

5.縮短解決矛盾的時間

與人相處，沒有誤會、矛盾是不可能的。鬧矛盾不可怕，可怕的是總讓矛盾變成「隔夜菜」。

草草跟嘉琳從學生時代開始，關係一直很好。畢業以後，兩人進了同一家公司，從小職員做起。一年以後，嘉琳成為了草草的上司。

有一次，公司舉辦海峽兩岸交流活動，聚集一些人到內地訪問。草草以為憑藉自己跟嘉琳的關係，她的名字必在參訪名單之上。於是那段日子裡，草草每日春風滿面，同事們都看出草草心情好，紛紛開她玩笑，問她是不是在拍拖。

等到名單公佈，草草大失所望：名單上沒有她。怎麼會這樣？草草怨恨地看了嘉琳一眼，扭頭走開。後來，草草在等電梯時、在茶水間、走道上遇見嘉琳，都逕自從嘉琳身邊走過去，不跟嘉琳說話。眼角餘光瞥見嘉琳欲言又止的樣子，草草恨恨地想：就算妳跟我道歉，我也不會原諒妳！

草草跟嘉琳冷戰了兩個月，除了必要的彙報工作，她根本不與嘉琳講話，週末也不跟嘉琳約出去玩。待到兩個月後，公司又發佈了一條消息，這次要聚集一些員工去歐洲訪問。全公司上下沸騰了，大家都很期待能夠擁有這個機會。草草內心十分忐忑。果然，這次的名單上依然沒有她。

她糾結好久，然後泡了一杯咖啡跑到嘉琳的辦公室，看著嘉琳訥訥道：「嘉琳，我……」

嘉琳抬頭看了草草一眼，面無表情道：「謝謝妳的咖啡，沒有事的話，回去工作吧。」

草草不死心：「嘉琳，上次……」

嘉琳嘆了一口氣，緩緩地說：「這兩次參訪人員不能重複，我本來是想把這次的機會留給妳，可是妳根本不聽我說話。這段時間，妳表現得太明顯了，有人說妳不夠穩重，所以這次也……算了，妳再努力吧。」

草草羞愧得想找個地縫鑽進去。

縮短解決矛盾的時間，讓矛盾最小化

這次誤會完全是由於草草的性格造成的：太驕傲，太武斷，憑藉猜測給別人定罪，定了罪便採取極端的冷戰，又不跟別人溝通。

但凡人跟人相處，一定會有誤會、矛盾。誤會、矛盾一旦產生，必須用最快的速度解決，因為我們誰都不知道，在我們擱置不理或者進行冷戰的過程當中，事情會發生什麼變化。先讓一步又何妨？總比造成無可挽回的傷害或損失要好。

草草跟嘉琳還能不能和好如初？很難說。但我保證，如果草草以後還這樣傻下去，她的人際關係一定不會太好。如果她能汲取教訓，以後再遇到問題時，學會處理：要嘛憑藉好朋友的關係直接了當地問，要嘛裝傻，東拉西扯地旁敲側擊，她則會在人際關係網裡如魚得水。

妳的小傻招

6.妳別什麼都知道

跟什麼都懂的女人在一起好沒意思。

他說：「啊，ＸＸ餐廳的牛排非常美味，我們去試試吧？」

她接道：「我知道那一家，他們家的廚師是從英國特聘來的哦，做出來的東西味道當然一流！」

我想即便他們去享受了一頓美餐，那位男士也一定索然無味。

他們說：「這次旅行去義大利怎麼樣？威尼斯是我們嚮往已久的城市。」

她對答很快：「沒錯。威尼斯我去過，讓我印象最深刻的是威尼斯的小店，有長得像乳酪的香皂，像甜點的潤膚油……你們知道嗎？威尼斯還是個面具之城，在很多小店裡有賣各種各樣的面具，非常美麗！還有還有，我在那裡吃過最好吃的墨魚麵！」

她講得眉飛色舞，聽眾們卻好似不太高興。毫無意外，這次旅行沒她份，沒有人願意跟她一起去。

這一回，朋友們要去日本滑雪。許多女生興奮地笑著說：「我都不會滑雪呢，好開心！」

她又來了：「我會的我會的。小迴轉大迴轉都無問題，我還曾經在U型池上跟專業選手較量過哦。」

我相信，自此，再也沒人喜歡她。跟她在一起好沒樂趣，她什麼都知道，襯得他們都是沒品味沒知識的笨蛋。她什麼都經歷過，顯得他們是沒見過世面的人。

倘若妳是這樣的女人：知識淵博，品味高雅，出身不凡，事業小有成就，不缺錢不缺時間，也不缺人愛。那妳最好時刻注意一下自己的言行，不要流露出萬事通、百曉生的優越感，哪怕是親身經歷也請藏在心裡。不然誰願意跟妳相處？若是我遇見一個人，我不知道的她都知道，我知道的她也都知道，我眞想掉頭走開從此不要與她交往。因爲，跟她在一起實在無驚喜無趣味，還要忍受不時因爲她而產生的低人一等的感覺。

據說，後來這位萬事通小姐開了竅，再有人說：「我們去ＸＸ餐廳試試，聽說那邊乳酪蛋糕很棒。」

她的話變成了：「眞的嗎？我沒吃過，眞想嚐嚐。你介紹的餐廳一定很棒！」

她的新朋友群提議：「我們去巴黎度假怎麼樣？」

她會說：「啊，我在書裡看到過，巴黎是座神奇美麗的城市，眞想去看一看。」

她學會了裝傻，即便她去過全城的餐廳，她滿世界跑，幾乎哪裡都去過。她學會在別人面前說不知道，學會隱藏內心的驕傲去誇讚別人。她開始被很多人喜歡。

女人一定要知識淵博，富有內涵。但是在人前，妳最好不要表現得什麼都知道，說一半藏一半，才能成為最受歡迎的社交女王。

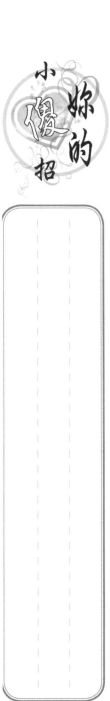

7.沒有表演天分那就用真心表現

社交場合就是一個表演舞臺，誰演得最好就是社交女王。若無表演天分呢，豈不是要失意而歸？沒關係，沒天分裝，那就拿出眞心來吧。

小依不是那種很精明的女孩，反應稍稍有些遲鈍，神經又很大條，她的同事、朋友提起她就一副撫額昏倒狀，直嘆氣說：「這女孩該聰明的時候不聰明，該裝傻的時候反而聰明得不得了，實在一言難盡。」

小依發現，她接到的聚會邀請越來越少，有些人對她越來越冷淡。小依很委屈，委屈到一想起來就掉眼淚。她知道自己不聰明，但是她心地好啊，爲什麼大家都不喜歡她？後來，小依跟人相處愈是小心翼翼，不多話不多事，把自己變成隱形人。這方法沒用，現在大家更少邀請她了，因爲大家常常忘記她。

「怎麼辦怎麼辦？緊急求救啊！」小依在MSN發來急救信號。我看了哈哈大笑。

其實我覺得小依很可愛啊，不會裝不會演，任何反應都很眞，又不會記恨別人。可惜她這樣子反而讓社交舞臺上的演員無所適從，大家都在演，獨她不會，豈不是來搗亂的？後來她不搗亂了，變成了一個活道具，誰還想得起她來？

我想了想跟小依說：「寶貝，乾脆就不要裝，也不要聽別人跟妳講的那些亂七八糟的社交技巧，妳就眞心對大家好了。但是記得要讓人家看得見，不要做好人不留名。」

小依很聽我的。之後一次部門聯誼，大家去唱歌，她發現別的部門一個同事感冒很嚴重。那女孩玩心重，不顧身體一定要跟過來玩，只見她不停擦鼻涕、咳嗽。

小依看不過去，請服務生幫忙買了感冒藥，從那女孩手裡搶過她在喝的啤酒，遞過去白開水和藥片。女孩感動極了，回到公司常跟人說小依有多好。裝傻演戲固然能夠帶來好人緣，但若天生沒有這種本事，以誠待人就尤為重要了，沒有人可以拒絕別人的真心。一點點小關心、一點點小讚美、一點點小幫助、一點點小恩惠……彙集起來不會比長袖善舞所得的少。唯一需要注意的是：真心待人

真畫不好妝，
就上素顏吧！
I Love Kevin

是有主見、有前提的，掏心掏肺掏力氣還掏錢的傻事，不是至親至交就別做，免得真被人家當傻瓜，賣了妳還希望妳幫忙數錢。

小依發現，做好人會帶來好人緣，但也會招來麻煩，會有人來借錢，會有人要求她幫忙做事。小依跑來跟我抱怨，我笑了：「妳既然要真心待人，當然要真心到底，對人好是真心，拒絕人當然也要真心。」小依茅塞頓開，笑咪咪地回去處理她那些煩惱。

妳的傻小招

不會裝的女孩，做好人一樣能博得好人緣，可是這不代表我們要被人欺負。

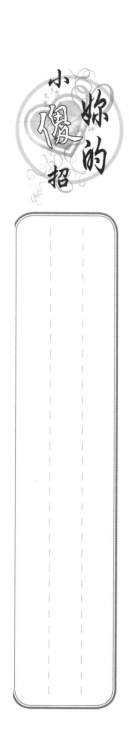

8.重視自己的「新鮮度」

物有新鮮度，人亦有。新鮮度高，人脈自然越來越寬廣；新鮮度低，人脈就會越縮越小哦。所謂新鮮度，也就是妳在眾人面前的「出現率」。妳若常常與人聯繫、見面，新鮮度自然極高，也極容易將妳自己蔓延進別人的交際圈。妳若疏於跟人聯繫，不問候不交談不見面，久而久之，妳連現有的交際圈都淡出了，更不用說在別人的交際圈佔有一席之地了。

新鮮度平日可以有意識地保持，但是女人一生會面臨幾次難以避免的交際危機，人人心裡都要敲警鐘，越是在這種時候越要小心，不可放鬆。

首先就是談戀愛時期。女人愛起來往往專注得不得了，「見色忘友」是常態。這個男人簡直令人神魂顛倒，恨不得化身為他的鑰匙圈，時時刻刻拴在他的身上，放在他的兜裡，躲在他的包裡，反正就是不想離開他。

於是，姐妹們聚會那天，他提議看電影，她點頭答應，隨手給姐妹發簡訊說不去。公司聯誼那天，他說我們去海邊露營吧，她連連說好，跟同事報備一聲就去過自己的兩人世界。親戚學成歸國，家裡大排宴席，卻因為男友幾句話缺席……

別說現在的女人沒那麼傻，女人愛起來就會變傻。從此，她在男友身邊的新鮮度超標，在自己社交圈內的新鮮度不及格。戀愛有沒有結果暫且不說，只說當某天女人回歸自己的朋友圈，開始感覺游離於這個圈子之外、再無歸屬感，會不會後悔當初把眾人通通拋棄？

其次就是新婚期。這大概是女人一生中感覺最幸福的時刻，嫁得良人，塵埃落定，內心充滿對美好生活的嚮往，恨不得窩在自己的家裡宅一輩子。這時候最喜歡做的事情大概就是給家裡添置些家居用品，或者給老公打理衣物……總之，中心思想只有一個字——「家」。外界的東西一概忽略，最好與世隔絕。

最後大概就是懷孕生子期。這段日子哪裡有時間搞社交？養胎待產就是頭等大事。好不容易苦熬十月，又要開始照顧小孩，所有的時間都是小孩的，沒一分鐘屬於自己。若無重大事情發生，不管親朋有什麼活動，能缺席就缺席，新鮮度直接破產。

面對這些社交危機期，怎麼辦？

這看起來似乎都是不可抗力，根本無法解決。不跟男友膩在一起我怎樣戀愛？新婚就到處應酬老公會怎麼想？懷孕生子是人生大事，難道不要生小孩？

當然不是。戀愛要談，老公的感受要顧及，至於生小孩更是天經地義的事，誰說這些跟社交就衝突了？把男朋友拉進自己的圈子裡，既不會降低自己的新鮮度，反而還爲圈子裡帶來新鮮的人，兩全其美。

新婚裡有些應酬也許不能帶老公，那就去多多談論一下自己的新婚生活，讓一個人的快樂感染一群人，何樂而不爲？懷孕生子期間，可以把懷孕時發生的事情，寶寶出世以後的照片等，寫成一篇篇有意思的小週記，發給大家看……這樣的資訊刺激下，即便不見面，誰又能忘記妳？

新鮮度，既含出現率，又含訊息量。如果妳不能把握自己的出現率，起碼要維持自己的訊息量，時刻不忘「刺激」一下自己的社交圈，以保持自己的地位。

懂得這些的女人才是聰明的社交達人。

小傻妳的招

9.得罪人的聰明補救術

無論妳多有本事，妳這一生得罪的人一定比妳交好的人多。

心蕊進公司的時候想：我又不要做事業女強人，我從小胸無大志，給我份工作養活自己就好了嘛，所以我最輕鬆了，誰都不用怕，輕鬆自在。她的個性本就大大咧咧、心直口快，又不好強，打定不討好任何人、不抱上司大腿、不拍老闆馬屁的主意，感覺自己的職場生涯一定會一帆風順。

剛開始，也確實如心蕊所料，她活潑開朗，又什麼都不爭，很討人喜歡，大家對她都很客氣，還會教她一些東西，或者幫忙她一些小事情。

後來不知道爲什麼，她的上司分配工作時，常常把最難最累的事情丟給她，害她總是被迫加班。再後來，就有一些莫名其妙的黑鍋扣到她頭上，讓她怨聲載道。

心蕊有幾次忍不住跟上司吵起來：

「明明不是我的錯，爲什麼我要擔責任？你不覺得這樣做太過分了嗎？」

「這不是我的工作，憑什麼丟給我？」

「你根本是故意針對我！」

……

心蕊口無遮攔，把心裡的怨念、不滿一股腦砸過去。從上司辦公室出來，她感覺心裡痛快了一些，卻又擔心自己會不會被炒魷魚。現在到處不景氣，找份好工作不容易呢，她雖然不打算做出多大成就，但也不希望丟掉工作。

心蕊沒有被炒，只不過往後的日子更難過了，彷彿部門所有人都在給她製造障礙。心蕊最後忍無可忍，憤憤地想：大不了換工作啊，怕什麼！

我知道一些心蕊的近況，聽到她換工作的宣言，實在恨鐵不成鋼：「妳換一份工作也會變成這樣！傻瓜，妳都不動動腦筋想一想嗎？妳分明是得罪人了嘛。可能是妳得罪的那個人跟妳上司進了讒言，也可能妳直接得罪了上司。妳看這種個性，說話做事不動腦，魯莽得要死，連做錯事、說錯話、得罪了誰都不知道！」

女人不管有無野心，踏進職場就踏進了名利場，各種利益盤根錯節，誰都別想置身事外。所以頭等大事就是要保護自己，須知言多必失，做多必錯。

心蕊對誰都沒防備心，唧唧喳喳什麼都跟人聊，不知道哪句話就給自己樹了一個敵人。還有一

點，是非心人人有，是非話不可以有，整個公司上下，妳可以誇任何人好，千萬不能說一個人不好。另外，很關鍵的一點，絕對不要得罪上司。心蕊居然跑去跟上司吵架，即便原來她沒有錯，也變成了她的錯。在職場，招上司記恨就是找死。

可是木已成舟、人已得罪，怎麼辦？其實一開始心蕊最該做的，是繼續傻呵呵承受那些委屈，好像不知道有人針對自己一樣，然後暗中觀察，自己到底得罪了誰。

查出結果以後，再接近那人時心裡警惕一些，表現得更「傻」一點。時間久了，人家氣也出

了，也自以爲瞭解了妳就是個糊塗蟲，個性如此，誰會老跟「傻瓜」過不去？

當然，事後補救只是一個應急措施，關鍵還是在於事前預防。希望心蕊汲取教訓，也希望大家不要學她。

妳的傻小招

10.就算真的不聰明，也別自作聰明

人生在世，當聰明人，做聰明事，是大家共同的追求。但是，自作聰明的結局，往往是聰明反被聰明誤。不聰明不可怕，可怕的是自作聰明。

我聽凡凡說起她一個叫陳麗玲的朋友：

「明明什麼都不懂，可是談什麼她都要插進幾句，說得眉飛色舞，好似我們沒有一個有她知道

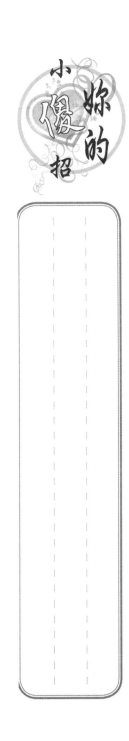

得多。」

「當時我們誰也沒答話，全場鴉雀無聲，她居然冒出頭來講話，還嫌場面不夠混亂嗎？她以爲她一出馬就能解決問題、避免尷尬了？」

「上次活動我們去挑禮服，就聽她什麼款式、顏色、品牌如數家珍地說。拜託，誰要她教啊！我們自己不會挑嗎？」

「哈！妳不知道那次多好笑，她自己出糗犯錯誤，漲紅著一張臉卻死不承認，那樣子要多難看有多難看，我們幾個看著覺得好痛快！」

……

我一聽就知道，凡凡所說的，恐怕又是個自作聰明的女人。這世上，聰明人害怕別人說她聰明，不聰明又自以爲很聰明的則生怕別人懷疑她的聰明。

妳看那做事謹小慎微、待人謙和有禮、進退有度的，都是聰明人。只有自作聰明的才喜歡到處顯示自己比別人行、比別人有本事，好爲人師，做錯事抵死不認。

女人在社交圈裡，無論自認是聰明還是不聰明，都別表現出一種「誰也及不上我」的聰明樣來。妳也許不知道，很多人就討厭「聰明人」。妳太「聰明」了，顯得我又傻又笨，不負責任，又反應遲鈍，還讓我總是吃虧、退讓，這樣我怎會喜歡妳？！

古人早說過「大智若愚」。聰明人不爭朝夕長短，不怕出糗丟醜，不護短，願意負責。他們一生謙虛，不停學習，卻不顯露，除非遇到志同道合之人，否則絕不多話。談話時點到即止，節奏恰到好處，令人心生好感。

善解人意如女作家三毛就說：「我最喜歡別人將我看成傻瓜，這樣與人相處起來就方便多了。」倘若妳不是這種聰明人，寧願三緘其口，也別自作聰明，惹人反感。

當然，若果連自己是在「自作聰明」都不知道，看不透人，也看不透事，做人做事必須「高人一等」，心思九曲十八彎，又不能低調，那眞是傻到沒藥醫。

這種女人毫無辦法，註定要被她那點小聰明迷了心竅、誤了一生。

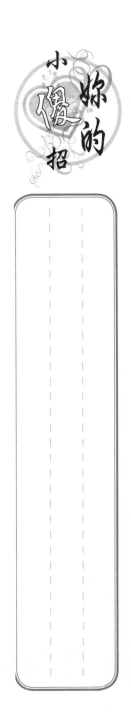

11.初次見面還是溫婉一點好

女人初次跟人見面，表現成什麼樣最容易博得人家的好感？要我說，最保險的表現，當然是溫婉和順。

我們平時和知交好友見面，會很開心、很放鬆，本性是什麼樣，也表現出什麼樣。但跟素不相識的陌生人見面，總會感覺到一些侷促和緊張。我們不瞭解那個人，不知道他心裡的想法，我們和他也沒有一點默契，不能配合他的反應對自己的行爲和說話做出適當的調整。總而言之，和陌生人見面，是一件費心費神費力氣的事情，我們無法吐露眞言，與對方推心置腹。

這個時候，做為女性，在原有性格的基礎上，要盡量表現得溫婉和順一點，減弱自己的「危險度」，以便讓對方放鬆下來，漸漸製造出良好的談話氣氛。

寧寧說，她按照我這個觀點去認識新朋友，但似乎效果不佳，初次見面好像沒有給對方留下什麼深刻的印象。我讓寧寧把當時的場景再演一遍給我看，寧寧照做了。看過後，我也就知道問題的癥結在哪裡了——她根本不懂得溫婉這個詞的含義。

什麼是溫婉？正統的解釋是溫和柔順。擴展開來理解，我的意思是，第一次跟人見面，要表現出溫和有禮、謙讓得體，令人如沐春風，盡量順著別人的意思講話，卻不是毫無原則的應和。沒錯，妳不能表現得太聰明，即便妳眞的比人家聰明，那樣顯得妳太鋒利，太咄咄逼人，讓人無法呼吸。但妳也不可表現得毫無主見，隨波逐流，妳這樣淡而無味，讓人怎麼有興趣跟妳繼續交往？
寧寧聽完我說的，大叫我要求高，直呼自己就是個普通人，做不來這種知性淑女。
我嘆氣說：「目標訂高一點，才有利於發展嘛。至於妳，只要把妳那『假小子』的本性收一收，溫和一點，多聽聽別人說話，適時提出一些觀點，或者疑問，讓氣氛融洽起來，就OK啦。」
是的，我希望大家初次見面都露出溫婉淑女的樣子來，但這絕不是要求女人掩蓋掉本性，裝成另一個人。溫婉的表現只是為了遮掩妳的弱點，而不能代替妳眞

實的性格。不然在以後交往中，妳本性畢露，改頭換面，還不將人給嚇跑掉？再有，我也不希望大家小心翼翼，誠惶誠恐。陌生人有什麼可怕？不喜歡妳又如何？這世上有喜歡妳的人，自然有不喜歡妳的人，要保持平常心嘛，不是所有人都會喜歡妳。

寧寧後來恍然大悟，那是在一次非常愉快的「陌生人之旅」後。她興奮地打電話跟我說：「妳叫我溫婉一點，其實根本就是叫我收斂個性，不要耍小聰明，顯得很好騙那樣嘛。」我一愣，點點頭：「差不多吧。」

我其實想說，無論妳怎麼說，都不要顯露出攻擊性，如此而已。

12.看似不求回報的付出最動人

付出都有成本計算的，虧本買賣不能做。但是，道德聖人又說了「滴水之恩湧泉相報」，又有人跳出來說做人做事要「不求回報」。

開玩笑，社會可怕，人心險惡，不求回報做白工是半點好處沒有的事情。除非是心情極好、生活極如意的人，不然誰會做？別急著反駁我，問問你的心，我敢肯定這是人們不會宣之於口的心聲。

那麼矛盾顯現出來了：我不希望我的付出毫無價值，收不到回報；可是我又希望別人對我帶有一些眞心，對我好不求我回報。好難辦哦！其實沒有那麼難啦。想想男生追女生怎麼追？「不求回報」對妳好啊，帶妳吃好吃的，玩好玩的，妳愛看戲他就有戲票，妳盯了好久的限量版他突然送給妳，妳說好煩哦心情不好他就來給妳講笑話。妳裝傻問：「你爲什麼對我那麼好？」他說：「沒有爲什麼啊，就是想對妳好。」妳心裡何嘗不明白，他想要妳做他女朋友。當妳被他的「不求回報」腐蝕軟化，他的目的就達到了。

與人交往也是啊。我們互相都清楚我們爲什麼要維持一段關係：或者我要與你做生意，或者我有些事需要你幫忙，或者我們眞正志同道合。沒關係，因爲什麼不重要，重要的是，大家心裡雪亮，都互相明白對方對自己的意義。即便對方眞不明白，那麼暗示幾次便好了。他若繼續裝傻，那

麼妳可以迅速掉頭去認識別人。雙方意向明確，禮尚往來，年深日久，看似不求回報的付出通通都會有回報。至於盈虧，那就是個人經營的問題了。

許欣如剛調到那所大學沒多久，就發現一個問題：那位系主任似乎與她不對盤，常常跟她過不去，還到處說她壞話，敗壞她名聲。許欣如不動聲色，聽到了也似沒聽到，對系主任總是笑臉相迎，逢年過節都要送禮，平時也是好處不斷給。系主任剛開始理更直氣更壯：「她爲什麼送我禮？因爲我說的都沒錯！沒錯的事情我當然要繼續說。」有人跟許欣如交好，勸她不要再對系主任示好了，一點用處也沒有。許欣如笑咪咪地擺手：「沒關係沒關係，本來也沒期待他有什麼回報嘛。」人們談起來，總說許欣如傻氣。許欣如堅持了一年多，系主任的態度明顯軟化；兩年下來，系主任開始住嘴了；三五年之後，系主任說：「許欣如這個人還是不錯的。」

許欣如眞的不求回報嗎？當然不是，她求的就是那個印象轉變，求的就是口碑！這一場仗打下來，妳說，到底誰聰明，誰輸誰贏？妳要記住，妳所有的付出都要裝在「不求回報」的外衣下，不論盈虧，回報總是會有的。

妳的傻小招

13.用傻氣治療人際交往的心靈傷口

跟人交往就沒有不受傷的。人際關係如此複雜，社交活動如此繁密，女人又往往心思細膩敏感，受傷那是常有的事。

我常常聽很多女性朋友抱怨說：

「我對他們都挺好的，他們爲什麼要那麼對我？」

「這件事怎麼可以瞞著我呢？」

「我又沒有罵他，我只是提出我的意見，他怎麼這樣？」

……

也許這些埋怨和疑問說明的問題不同，但毫無疑問的一點是，我的女性朋友們在日常的人際交往裡都會受傷。被誤解、被欺騙、被不公平對待，總之她們會遇到委屈、傷心、痛苦、掙扎等一些由別人帶來的負面情緒。

怎麼辦呢？我的辦法是：學會阿Q的精神勝利法。每當受傷害，就告訴自己：

「沒關係沒關係，失去我是他們的損失。」

「有什麼好難過的？不告訴我就算了，我也不想知道。」

「這麼小氣，我大人大量不跟你計較。」

……先別急著說我的辦法蠢，當妳眞正試過，並且把這種阿Q精神融入生活，妳就知道它確實是擺脫煩惱的不二法門。

雖然你們惹毛了我
但是我怎麼會跟你們計較呢
仇人

凡事都有兩面，我聽過這樣一則寓言：主人因爲罈子有了裂縫便拋棄了它，罈子很傷心，因爲這條裂縫，它的一生就這樣結束了，以後再也沒有什麼希望。

但是孩子們發現了它，用它來打水仗，他們不在意那條裂縫，也不在意它漏水。

罈子對珍惜它的

孩子充滿感恩。後來有一天，罈子的原主人抱著一個嶄新的罈子從它身邊路過，新罈子對它冷嘲熱諷，說它是個廢物。

罈子又忍不住傷心，它旁邊的花兒卻出言安慰它：「你不是廢物，我們都是喝你流出來的水長大的。」罈子抬頭看見周圍開滿了花兒，它又快樂起來。

罈子的過去和現在，無論它是完好的還是有裂縫的，都有它的用處，都做出過貢獻。人亦然。只不過人在被傷害的情況下，根本沒辦法理智地分析每件事、每個人。

阿Q精神的好處就在於：它固然很傻，但是能夠迅速平復被傷害的感覺。當冷靜和理智重新回到妳身上，妳自然就可以很好的處理問題了。

妳的傻小招

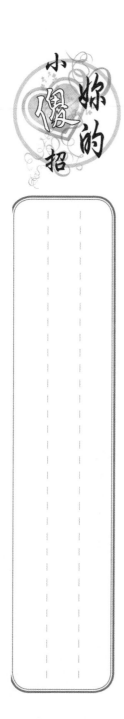

14.遇到真正的傻瓜，千萬莫與他爭辯

很多時候女人裝傻，是因爲她有一顆玲瓏通透的心，看得透人情世故、冷暖世情，不好介入或難言眞假，只好裝糊塗。但若遇到眞正的傻瓜，就別跟他裝了，直接無視他。

優優是珠寶設計師，那天應邀參加朋友辦的寶石party。一進門，優雅的古典音樂嫋嫋傳來。大廳裡，太太小姐們或站或坐著，身上戴著名貴的珠寶玉石，可謂滿堂珠光寶氣，煞是富貴逼人。

優優拿了一杯飲料，找了個位子安靜地坐著。她今天是從設計工作室趕過來的，沒來得及回家換衣服，一副鄰家女孩的打扮與此環境格格不入。而優優平時做多了珠寶首飾設計，最愛的是看別人戴首飾，自己反而不愛佩戴什麼，全身上下一件首飾也沒有。

有個年輕女孩過來跟優優搭話。優優看到她頸上的翡翠項鍊是自己的設計作品，萬分開心，便同這女孩聊天。女孩子看了一眼優優的一身素裝，開始喞喞喳喳的炫耀起來：「我本來不中意這條項鍊的呢，妳看沒有多綠……」

優優聽了一會兒就開始不耐煩，這是哪裡跑來的暴發戶小姐？根本什麼都不懂，還在這裡大放厥詞。行家都知道看翡翠「首德而次符」，德是質地，符是色澤。

相比通透的質地，顏色反而是次要的。而翡翠中的綠也是有講究的，人說「寧買一點，不買一

線，寧買一線，不買一面」。

優優生氣地跟那女孩爭辯。辯到最後，那女孩理屈詞窮，開始胡攪蠻纏，說優優身上一件首飾都沒有，不知是從哪裡來的騙子，也不知怎麼混進了party，揚言要趕優優出去。

後來，主人家出來調解。優優知道，當時若直接走掉就太不給朋友面子了，只好憋著一肚子氣到party結束才離去。

晚上在MSN上遇見優優，聽完她當天的遭遇，我幸災樂禍道：「妳跟傻瓜計較什麼？」

優優發過來一個憤怒的表情說：「我討厭不懂裝懂又胡攪蠻纏的人！」

「跟傻瓜爭辯，會讓人分不清你們誰才是傻瓜！」

過了一會兒，優優大笑：「我今天生了一場毫無價值的氣！」

有些事情，對錯界限很模糊，各人觀點不同，爭辯起來是種樂趣。但有一些事，有人非要把錯的說成對的，不懂裝懂地瞎辯，妳就不要耽誤時間或費精神陪她傻了，讓她一個人玩吧。

15.大要求不要提，小要求要多提

不管是多熟悉的人、多好的關係，妳提出一個很大的要求，對方都會猶豫。這時候妳一定要明白，他猶豫的不是答不答應妳，而是該如何拒絕妳。

小茹個性相當獨立，萬事不求人，不管花費多少心力，也要努力自己解決問題。小語正好相反，個性很依賴，常常把「拜託啦」掛在嘴邊，一點小事也要人家幫忙。小茹看不上小語的嬌氣不做事，小語看不上小茹的驕傲。在公司裡，如非必要，這兩人是絕不講話的。

小茹辦公用的電腦十分老舊，經常影響工作效率，甚至造成損失。她徵集了大家的意見，寫了一份報告給老闆，希望更換一批新電腦。這個報告很快被駁回，理由是支出過於龐大，經費不足。過了半年，小語提出相同的要求，卻被通過了。公司裡一片歡騰，大家吵著要去狂歡。小茹越想越難過：爲什麼同一個要求，她提出來就被駁回，小語提出來就通過了呢？

我給小茹的解答是：因爲小語跨過了門檻，所以她的成功率高。

心理學裡有個詞叫「登門檻效應」。美國心理學家弗里德曼和他的助手曾做過一項經典實驗：他先讓兩位大學生訪問郊區的一些家庭主婦。其中一位請這些主婦在窗戶上貼一個「安全駕駛」的小標籤，或者讓她們在安全駕駛的請願書上簽個名。

這個要求很小，對主婦們來說是舉手之勞，因此大家都答應了。兩週以後，另一個大學生再次訪問主婦們，包括上次被訪問的那些主婦和一些新的主婦，要求她們在院子裡豎一個呼籲安全駕駛的招牌，維持兩週的時間。

第一次答應大學生請求的人中有55%接受了這個請求，而新加入的那些主婦中只有17%接受此請求。

我們知道，突然向別人提出一個較大的要求，一般人都很難接受。可是，如果把這個大要求分成幾個小要求，逐步提出，最終就會令人比較容易接受那個大要求了。

因爲人們都不希望自己慷慨、正面的形象被破壞，不想做「喜怒無常」的人，答應了妳

一個小要求之後，妳再來尋求幫助，便很難拒絕。

小茹萬事都自己解決，從不求人，好不容易提一次要求就是個大問題，老闆當然容易回絕她。小語不一樣，常常拿一些小事去「煩」老闆，層層遞進，當她提出一個大要求時，老闆答應的機率就比較高了。

小語後來跟小茹說：「大家都知道我人傻嘛，總拜託別人幫忙。雖說都是舉手之勞的小事，不影響我的工作能力，但是我這種『傻』的形象算是確立下來了，所以大家對我的容忍度就會高啊。」

小茹洩氣地想：這難道就是人們常說的「傻人有傻福」？

明白了嗎？如果平時不提小要求，那麼大要求也要絕口不提。只有平時提多了小要求，大要求才可以不妨一試。

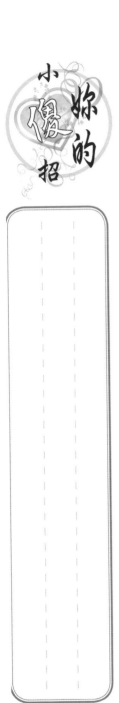

16.不組無目的「姐妹幫」

有一種可怕的文化叫「姐妹文化」，有一種可怕的組織叫「姐妹幫」。這種文化裡沒有任何內涵，這種組織裡無次序、無目的。妳可以把妳身邊的人以任何名目組織在一起，唯獨「姐妹幫」，這是一群傻女孩的組織。

我想每個女孩子上學的時候都有這種體驗：下課鈴響起，老師走出教室以後，學生們立即解除封印，喧嘩走動起來。女孩子三五結伴，手拉手走出教室，一邊說笑一邊走向走廊盡頭的洗手間。排隊時，她們站成一團，說著說不完的知心話。一個從洗手間出來了，就到走廊外面等，一定要等人到齊了，再手拉手走回教室去。

我從小就是在這種環境裡長大的。只是高中時，有一天傍晚，我一個人坐在操場的籃球架下面，打球的男生已經散了。看著他們大汗淋漓的背影，看著學生們三三兩兩走出校門，而這裡只有我一個人。我不用看著誰，也沒人看著我。我不用說話，也什麼都不想說。我忽然覺得心裡很輕鬆，彷彿從什麼束縛裡解脫了出來。

從此以後，我愛上了這種一個人的時刻。我常常在放課以後獨自坐在籃球架下，想一些怎麼也想不通的問題，或者什麼都不想。這種一個人的時光讓我開始懷疑我的友誼。

如果我跟我的姐妹有那麼深厚的友誼，爲什麼從某個時刻開始，我會想要避開她們？對，那也許並不是友誼，只不過是年深日久養成的某種習慣。

這種習慣很可怕，一旦形成便會下意識地干擾很多決定。比如我買一本書，選一件衣服，戀愛選擇男友，乃至於我該不該跟這個男人分手，或者結婚，應該買多大的房子，買在哪裡，應該選擇什麼樣的工作……諸如此類，我會情不自禁地去依賴「姐妹」。

美其名曰是參考她們的意見，實際上我會被她們的意見左右，會變得沒有主見，失去自己的審美、考量、立場。我甚至可以想像這最終帶來的災難性後果——我將不能稱爲人格健全的人。這毫不誇張。

仔細觀察，我們會發現：男性朋友聚在一起，一定是帶有某種目的，或者有一個中心，但是女性通常沒有。她們沒有次序，沒有目標，也沒有中心內涵，她們求的只是「在一起」，除了消耗時間，沒有任何意義。

我偶然一次聽朋友談起，我以前「在一起」的那些「姐妹」說，每次聚會我不參加，好像很忙的樣子，根本是把她們全忘掉了。天地良心，我只是覺得跟她們坐在一起八卦一下午毫無意義。

「姐妹幫」是一團看似充滿凝聚力的散沙，什麼都孕育不出來。它用最溫柔可人的面目消磨女人的思想、意志、進取心、耐力、危機感等等，即使「姐妹幫」裡的女人再美麗出眾、氣質高雅，社交能力再強，終究也是一事無成，充其量是一隻漂亮的貴婦犬而已。

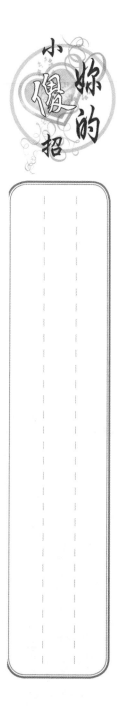

17. 從「宅」、「腐」的二次元空間走出來

這時代，很多女孩子又宅又腐，社交圈也越縮越小，嫁不出去的、交不到朋友的比比皆是，只能繼續「宅」、「腐」地生活在二次元空間。短期看，個人生活似乎很充實快活；長期來看，絕對制約女性的成長與發展。

絲絲從小內向，不喜歡跟陌生人接觸。後來掉進腐的世界裡一發不可收拾，宅在家裡看動漫、看小說、玩遊戲是她最滿意的生活方式。她身邊的朋友，全是一群志同道合的腐女、宅妹。等到絲絲大學畢業，不得不踏出她那一方小天地，出來工作打拼。然而她幾乎不參與公司同事之間的活動，下班時間乃至週末一律延續學生時代的習慣，宅在家裡不出門。

絲絲沒有感覺到任何不妥，她的媽媽卻十分著急。女兒長到這麼大，一次戀愛沒談過，腦袋裡全是不切實際的東西，眼看就要跨進剩女的行列，怎麼辦？逼她去相親，可是接連幾次失敗快讓絲

絲的媽媽絕望了。

絲絲跟我抱怨：「嫁不出去怎麼了？我根本不想嫁，現在不就是『剩者爲王』的時代？我剩，我自豪。再說了，我這是正當的興趣愛好，他們哪隻眼睛看出我心理有問題。」

我說：「如果妳的社交圈再大一點，不只是這麼一群腐女，他們就不會這樣擔心了。」

我敢肯定，像絲絲這樣的一群女孩子，都是很單純可愛的。她們的愛好也許和長輩們的觀念有衝突，但她們絕對正常，甚至很有思想。只是因爲長年宅在家裡，因爲太過單純顯得呆呆傻傻很好騙，才讓長輩們擔憂，尤其是她們的終身大事。

女孩子年輕的時候，不要說「不想嫁」這種話，尤其在妳沒有多少戀愛經歷、沒有接觸過男人的時候。婚姻生活當然不是人必要的選擇，然而結婚還是單身，都必須是一個理智的選擇，而不是憑藉臆想或單純的意氣所能決定的。

女孩子可以選擇不嫁人，但是要去戀愛。可以有自己的興趣愛好，但是不能只懂得這些興趣愛好，不懂得它們以外的事物。絲絲的媽媽爲什麼擔心絲絲嫁不出去？因爲她沒有選擇，她的天地小，交際圈小，而最可怕的是她根本沒有擴大的慾望。當她的交際圈寬廣了，她的選擇多了，她依然可以單身，她的媽媽會擔心但不會恐慌。而交際圈大意味著懂得的東西也多，交際圈的基礎便是「說得上話」。這不僅僅代表著妳跟別人的關係，同時也表明，起碼妳懂得那個人的工作範圍、內容，以及他平時所關注的東西。還有一點，接觸的人多了，身上單純好騙的「傻氣」也會被淨化，變得更成熟、更有魅力。

「宅」、「腐」的女孩子們，一定要把自己從二次元空間拉出來。女人的青春本就沒有多少年，關在屋裡不給人看，豈不是浪費？

妳的小傻招

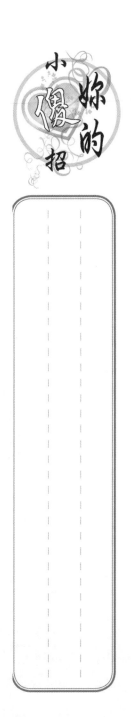

18.聚會可以多參加，但別搶了主角的風頭

每一個故事都有主角，每一場party都有焦點。我明白人人都想做No.1，但是遇到不適合出頭的場合，請不要搶戲。

胡小湖跟白小花是一起長大的知心好友，兩人約定，無論是誰先結婚，另外一人都要當對方的伴娘。白小花工作兩年後接受男友求婚，愛情終於修成正果。胡小湖按照約定穿上了伴娘禮服，陪伴在白小花的身邊，走過她人生中最幸福的一刻。

胡小湖實在是那種漂亮到驚人的女孩子，相比之下，今天的新娘白小花，即便化了最精緻的妝容，穿上了最美的婚紗，仍然比身著鵝黃禮服的胡小湖遜色不少。

而在喜宴上，胡小湖尤爲活潑，挨桌敬酒、笑鬧、聊天、交朋友，玩得不亦樂乎，幾乎搶光了新娘所有的風頭。

最後鬧洞房，胡小湖講話俏皮、動作誇張，氣氛漸漸熱烈，最後沸騰起來。但是新郎新娘徹底成了陪襯，婚禮成了胡小湖的個人表演舞台。

白小花婚後，胡小湖覺得她們兩個日漸疏遠，她本以爲是因爲白小花新婚，要跟丈夫過兩人世界才忽略她。後來，從白小花的妹妹口中得知；白小花怨她破壞了自己一生一次的婚禮，根本不想再理她了。

爲什麼會這樣？自己做錯什麼了？幫她打理婚禮上的小細節，幫她招呼親朋好友，使出渾身解數帶動氣氛，她哪裡搞破壞了？此後，胡小湖也怨恨上了白小花，兩人陷入老死不相往來的僵局。

後來，我跟胡小湖聊天，聊到白小花，胡小湖就把這段因緣講給我聽。我笑罵胡小湖：「人家一輩子最重要的一場婚禮，再苦再累再手忙腳亂，她也甘之如飴，妳那哪叫幫忙？妳那叫搶風頭！」

胡小湖還想反駁我，嘴巴剛一張開，什麼話都沒說出來，又閉上嘴。想了半天，她訥訥地說：「那我還眞錯了？」

「談不上錯，就是傻了點，不識時務，不合時宜！」

胡小湖噘噘嘴：「那怎麼辦？我要不要去找白小花認錯？」

我拍拍她的腦袋，「那麼多年姐妹情誼，她不會眞的恨你一輩子啦！妳幹嘛要跑去舊事重提惹她不快？就當妳沒想明白怎麼招惹她了，主動跑去向她獻殷勤。白小花心軟，再過一陣子，保證雨過天晴。」

不管是朋友聚會、同學聚會或者各種party，都要搞清楚主角是誰，想做No.1也要看清場合，看對時機。就算是幫忙張羅也要把握好度，不然平白招來忌恨。

得罪了至交好友尚能透過裝傻彌補；若是得罪了惹不起的人，說不準什麼時候就大禍臨頭。

19.只選擇好聽的話就可以了

如果一個女人，只聽得進好聽的話，但凡話不投機便生氣使性子，一定是個心胸狹窄的人。但若一個女人，只選擇好聽的話聽，對不好聽的充耳不聞，絲毫不放心上，必然心胸開闊，樂觀爽朗。

週末，我約新認識的朋友Hellen出來shopping。在一家服裝店，Hellen拉出一件小碎花連衣裙問我好不好看。只見這家店的店員小姐忙走過來，笑盈盈道：「小姐眼光真好！這裙子氣質優雅，上次賣斷貨，這是新來的，數量不多哦。」

我一聽就知道壞了，這條裙子Hellen大概不會買的，誰希望一出門就撞衫嘛。Hellen把裙子掛回去，淺笑著跟店員小姐說：「哦，是嗎？那就留給上次沒搶到的人吧。」說完，拉著我轉向另一個衣架。

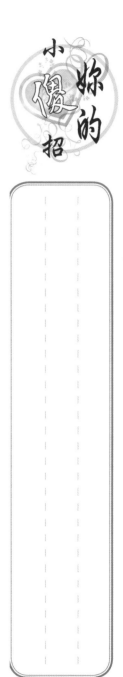

Hellen試了一件衣服出來照鏡子，問：「怎麼樣？」那位服務小姐十分熱情：「小姐妳皮膚白，這個顏色很適合妳呢，雖然有點……不過我們有加大尺碼的。」

我心裡暗暗哀嚎：老闆從哪裡請來的店員嘛，眞是不會說話！Hellen一副無所謂的樣子問我：

「妳看怎樣？」我看了那店員小姐一眼，笑道：「雖然妳有一點點胖，但是妳皮膚好白哦，這個顏色也就妳穿好看啦。」店員小姐聽了我的話，一臉通紅地退到一邊，不再言語。Hellen拋給我一個飛吻，然後示意店員幫她把衣服包起來。

同樣一句話，有些人說出來就很好聽，讓人如沐春風，歡欣喜悅；有些人說出來就十分逆耳，恨不得把他嘴巴封掉。不是我們天生心胸狹隘，實在是耳朵不聽話，它有選擇權的，一不順意，它就要跟妳的心聯合起來抗議，給妳自己帶來困擾。

既然如此，不如訓練一下耳朵的選擇能力，好話壞話都要聽。但是聽到好聽的，入耳入心，淨化心靈，給心情添點興奮劑；聽到不好聽的，立即切斷耳朵與心的聯繫，入耳不入心，像Hellen一樣渾不在意，繼續前行。

這一生，不會人人都捧著我們、順著我們，也不是人人都長了一顆七竅玲瓏心，說起話來舒服。妳不能跟所有人提要求，也沒辦法教會所有人說話技巧。妳只能對自己提要求，對自己施展絕招，讓自己只聽好聽的，對其他噪音過耳即忘。不因爲難聽話壞了心情，也不因爲聽到難聽話就出口傷人，到處得罪人。有些人妳得罪得起，比如今天這位店員小姐；有些人妳得罪不起，比如妳的衣食父母。

女人這一生，不僅要會講「傻話」，有一雙「傻得無辜的眼睛」，還要有一對「會裝傻的耳朵」。

妳的小傻招

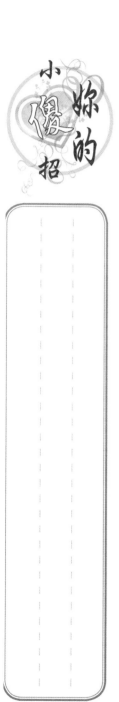

20.一個完美的背影堪比一千句好聽的話

眞的，妳不用在意自己夠不夠漂亮、苗條，甚至妳嘴巴笨，不會說話討好人也沒關係，打造一個完美的背影就足夠令人印象深刻。

有兩個女人的背影，讓我總是念念不忘。

第一個背影的主人是我剛工作時遇到的一個推銷員。她走路的時候，兩肩不在一條直線上，一高一低，背包的那個肩膀略高一些。即便這樣，她還要不時調整下滑的背包帶。她邁步的節奏很混亂，彷彿腳下是崎嶇的山路，每一步都在讓她遲疑。這就像是她對我說話的樣子：邏輯混亂，沒有條理，找不到中心點。而且自始至終，她都不敢看我的眼睛。

第二個背影的主人是個年輕的女作家。說實話，我總是希望避免跟女作家見面。因爲從她們的文字裡看到的是風華絕代的佳人，而一見本尊總是讓人大失所望。這位女作家亦然，她的文字令我驚豔，可是本人長相平凡，氣質一般，甚至在我跟她聊天的那二十分鐘裡，我也沒有聽到像她作品裡那樣非凡的談吐。但是當她轉身離開時，我眼睛亮了：她有著極挺拔的身姿，雙腿邁開的步伐不緊不慢，有種優雅，又有著萬物難擋的自信。

我們在社交場裡總不免遇到一個問題：離開。無論這場party多熱鬧，這個聚會多難忘，這個見面多有意義，這次談話多開心，總有結束的那一刻，總有離開的那一分鐘。

傻女人只花心思在開始和過程裡，從來不懂得怎樣離開。稍微聰明一點的女人，懂得把握離開

的時間。真正有智慧的女人，則完全懂得應該怎樣離開。

一個美麗、優雅、自信的背影，讓女人在離開的那一刻變成一幅絕世名畫，我相信她的愛人、朋友甚至只是一面之緣的陌生人，在很久之後都不會忘記她。

從此刻開始，訓練自己的站姿、坐姿乃至說話走路的姿態吧。哪怕妳不夠聰明、不夠會說話，單憑妳一個背影，妳優美的姿態，未嘗不能在社交場上博得一席之地。

妳的小傻招

21.世上沒有悄悄話，真有祕密打死也不許說

女人這種生物從來管不住嘴，但凡有祕密，讓一個女人知道了，那所有人也就知道了。所以，聰明的女人立身於世，千萬別說悄悄話。

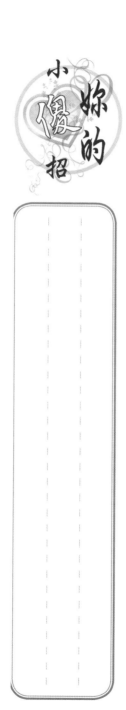

秋秋從小到大，什麼祕密都不會瞞著阿雪。阿雪知道秋秋月經初潮的日期，第一次暗戀的男生是誰，秋秋考試作弊的手法，秋秋戀愛的所有細節，甚至秋秋跟初戀男友做愛的全部過程和感受。

秋秋覺得，阿雪就是世界上的另一個她，她們心意相通，個性相似，興趣、愛好、講話習慣通通貼合。這就是知心好友，在親情和愛情之外，她就是最珍貴的存在。於是，秋秋對阿雪簡直知無不言、言無不盡。

突然有一天，秋秋和阿雪說老闆壞話的聊天紀錄被人發給老闆看，順便抄送給全公司的同事。秋秋的ID被清晰的顯示出來，而阿雪的ID卻被抹掉了，甚至阿雪對老闆的意見，也被刪除了。就見這整篇聊天紀錄裡，獨屬秋秋最兇狠。

老闆震怒，要秋秋離職。秋秋跑到阿雪那裡哭了好久，聲聲淒厲：「怎麼會這樣？」

阿雪拍著秋秋的背一言不發。

阿雪當初是秋秋介紹進公司的，老闆覺得阿雪沒有跟秋秋「同流合污」，忠心可鑑，於是秋秋走後，阿雪坐上了秋秋的位置，拿到了秋秋的待遇。那時秋秋有了新工作，對此也沒太記到心裡去。

沒多久，秋秋從另一個朋友口中得知：那時發聊天紀錄給老闆的人，就是阿雪！怎麼可能？她是我最好的朋友！秋秋不相信，還傻乎乎地跑去跟阿雪求證。她想：如果阿雪否認，她會相信阿雪。

誰知阿雪說：「唉，妳看妳，還是那麼傻，傻得我都不好意思再騙妳。既然妳總抱怨老闆不好，職位太低，薪水太少，那不如把妳的位子給我坐好了，我不嫌棄的。」

聽了我這個故事，妳還相信友情嗎？

我是相信的。但是我不會把所有的祕密和想法都說給朋友聽，知心好友也不行。女人是多麼情緒化，我自己都不能保證這一刻吐露的就是我眞正的心聲。我嫌薪水少、職位低、老闆脾氣差，但我沒有跳槽離去，那說明這個位置大致我是滿意的。我炫耀男朋友對我如何好，買如何美麗的花、昂貴的禮物給我，未必我就不厭煩他陪我時間少、花錢如流水。

最好的朋友相信妳不會騙她，妳說她就信了，然後難免起別的心思。別再提那是最好的朋友，親人之間都有刀兵相見的時候，何況是朋友。

妳不用把每時每刻的想法暴露給她，妳不用把所有的祕密都告訴她——如果妳眞的有祕密，那麼打死也不能說，就讓祕密爛在自己的肚子裡。

所謂悄悄話，是不能給第三個人知道的話，可是往往會被第四第五第六……第一千個人知道。因此，世上沒有真正的悄悄話。

若有朋友責怪妳什麼都不講，妳便跟她們裝傻說：「我沒有祕密啊。沒有你們那麼多精彩的事情，所以沒得講嘛！」

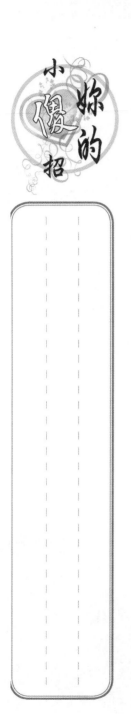

不是教女壞

Office Survival Guide for Women

小資女職場36忌

不是教女壞—小資女職場 36 忌

廖唯真 著　定價：260 元

在職場中打拼，女人一定要多個心眼，時刻懷有保護自己的意識。職場凶險，有很多地方是妳需要謹慎對待的，有很多「禁忌」是妳必須遠離的。比如：老闆的溫柔陷阱，最好遠離危險的辦公室戀情，不做老闆的情人；要懂得藏鋒顯拙，不要成為「功高震主」被「擊斃」的那個人……如此等等，避開了這些職場的「雷區」，妳才能避免被炸得粉身碎骨，也才能在升遷的路上走得更遠。

本書從職場禁忌入手，意在從反面給即將步入職場、或者在職場中鬱鬱不得志的妳一劑清醒的良藥，讓妳看清前方的路，讓妳對職場的明槍暗箭有更清楚的認識，進而果斷地避開危險。當然，最重要的是希望從本書中的建議，讓妳找到職場生存的智慧，做一個快樂自信的職場達人。

國家圖書館出版品預行編目資料

做「傻」女人，挺好的／加藤柔楨著.
－－第一版－－臺北市：宇河文化出版；
紅螞蟻圖書發行，2012.7
面；公分－－(Wisdom books；9)
ISBN 978-957-659-901-9（平裝）

1.女性 2.兩性關係 3.生活指導

544.5 101011351

Wisdom books 09

做「傻」女人，挺好的

作　者／加藤柔楨
美術構成／Chris' office
校　對／楊安妮、賴依蓮、朱慧蒨
發 行 人／賴秀珍
榮譽總監／張錦基
總 編 輯／何南輝
出　版／宇河文化出版有限公司
發　行／紅螞蟻圖書有限公司
地　址／台北市內湖區舊宗路二段121巷28號4F
網　站／www.e-redant.com
郵撥帳號／1604621-1　紅螞蟻圖書有限公司
電　話／(02)2795-3656（代表號）
傳　真／(02)2795-4100
登 記 證／局版北市業字第1446號
法律顧問／許晏賓律師
印 刷 廠／卡樂彩色製版印刷有限公司
出版日期／2012年7月　第一版第一刷

定價 250 元　港幣 83 元

ISBN 978-957-659-901-9　Printed in Taiwan